한국어능력시험(TOPIK) 중급 대비 필수 어휘집

# TOPIK

중급어휘

이것이 TOPIK이다!

정복

어휘 & 예문
MP3 다운로드
www.pmg.co.kr

이것이
토픽어휘
다!!

**전면개정판**

TOPIK 중급어휘
4O일 정복 전면개정판

초판인쇄 : 2020년 3월 25일

초판발행 : 2020년 3월 30일

공 저 자 : 김미숙, 박소연, 정승연, 황지유

발 행 인 : 박 용

발 행 처 : 도서출판 박문각

등 　 록 : 1979. 12. 29　제1-184호

주 　 소 : 137-953 서울시 서초구 효령로 283 서경 B/D

교재주문 : (02)3489-9400

저자와의
협의하에
인지생략

정가 12,000원
ISBN 979-11-6444-563-9

## 서문

본 교재의 저자들은 한국어교육 현장에서 오랜 시간 학습자들을 만나면서 어휘집의 필요성을 절실하게 느꼈다. 또 한국어능력시험을 준비하는 많은 학습자들로부터 한국어능력시험에 실질적으로 도움이 될 수 있는 어휘집에 대한 요구를 많이 받아왔다. 이에 본 집필진은 학습자들이 스스로 한국어능력시험을 준비할 수 있는 어휘집을 만들고자 2011년부터 본 교재를 집필하기 시작하였다.

본 교재의 목적은 한국어능력시험을 대비하는 학습자들이 스스로 계획적인 어휘학습을 하는 데에 도움을 주는 것이다. 본 교재에는 한국어능력시험 및 대학 기관에서 출판된 교재를 분석하여 가장 빈도가 높은 어휘를 선정하여 수록하였다. 이렇게 선정된 어휘는 난이도를 고려하여 날짜별로 배치를 하였다. 또한 학습자들이 어휘를 외우면서 자연스럽게 한국어의 문장 구조에도 익숙해질 수 있도록 그 어휘가 가장 많이 쓰일 만한 문장을 구성하기 위해서 노력을 하였다. 날짜별로 제시된 어휘들을 학습하면서 그와 관계있는 어휘까지 학습할 수 있도록 하였으며, 그날 학습한 내용을 매일 확인 문제를 통하여 확인해 볼 수 있도록 구성하였다.

학생들 한 명 한 명을 직접 만날 수는 없겠지만 학생들을 직접 옆에서 지도하는 마음을 담아 교재를 집필하였다. 이러한 마음으로 집필한 본 교재가 한국어능력시험을 대비하는 학습자들의 어휘 학습에 실질적인 길라잡이가 되기를 희망해 본다. '천릿길도 한 걸음부터'라는 말이 있듯이 어휘 학습은 하루아침에 이루어지는 것은 아니므로 꾸준하게 공부한다면 본인의 목표를 이룰 수 있을 것이다.

마지막으로 이 책이 나오기까지 많은 도움을 주신 동국대학교 한국어교육센터의 선생님들과 학생들, 감수를 해 준 허자홍 씨와 다카하시 레오 씨, 그리고 출판사 관계자 여러분께 감사의 마음을 전한다.

본 교재를 통해 학생들의 노력이 결실로 맺어지기를 바란다.

공저자 씀

# 일러두기

## 1. 표제어 선정 기준

TOPIK 시험에 출제된 어휘와 대학 기관의 중급 교재(동국대, 경희대, 서강대, 서울대, 연세대, 이화여대)를 분석하여 가장 많이 나오는 단어를 선정하였다.

▶빈출 어휘: 토픽 시험은 물론 대학 기관의 중급 교재에도 공통적으로 가장 많이 나온 단어
▶필수 어휘: 토픽 시험에 많이 나온 단어

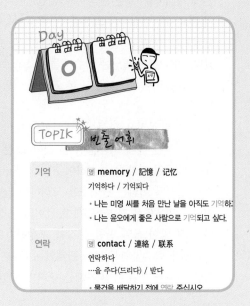

Day 01

TOPIK 빈출 어휘

| 기억 | 명 memory / 記憶 / 记忆 |
| | 기억하다 / 기억되다 |
| | • 나는 미영 씨를 처음 만난 날을 아직도 기억하 |
| | • 나는 윤오에게 좋은 사람으로 기억되고 싶다. |
| 연락 | 명 contact / 連絡 / 联系 |
| | 연락하다 |
| | …을 주다(드리다) / 받다 |
| | • 물건을 배달하기 전에 연락 주십시오 |

TOPIK 추천 어휘

| 굵다 | 형 thick / 太い / 粗 |
| | 반 가늘다 |
| | • 달리기를 하면 살을 뺄 수는 있지만 다리는 굵어 |
| | • 손가락이 굵어서 반지가 들어가지 않는다. |
| 자유롭다 | 형 free / 自由だ / 自由 |
| | • 우리 회사는 출퇴근 시간이 자유로워서 아주 편 |
| | • 하늘 높이 나는 새가 정말 자유로워 보인다. |
| 친숙하다 | 형 familiar / 親しい / 耳熟, 熟 |
| | 유 친근하다 |
| | • 그 사람의 이름은 친숙한데 어디에서 들었는지 |
| | • 윤오 씨와는 오늘 만났지만 예전부터 알던 사이 |

▶중요 어휘: 대학 기관의 중급 교재에 많이 나온 단어
▶추천 어휘: 집필진의 교수 경험을 바탕으로 선정한 학생들이 알아두면 좋은 단어

## 2. 교재 어휘 구성

1) 일별로 30여 개의 어휘를 구성하여 공부하도록 하였다.

2) 어휘는 명사/형용사/동사/부사의 순으로 정리하였고 각각에서 가나다순으로 정리하였다.

3) ⓟ: 제시된 어휘와 관계가 있는 단어로, 토픽 시험에 같이 나온 적이 있거나 알아 두면 좋은 단어를 '관계어'로 표시하였다.

4) ⓟ: 제시된 어휘와 반대의 의미를 가진 단어로, 사전을 기준으로 '반의어'를 제시하였다.

5) ⓟ: 제시된 어휘와 비슷한 의미를 가진 단어로, 사전을 기준으로 '유의어'를 제시하였다.

| 성인 | 명 adult / 成人 / 成人<br>ⓟ 어른<br>• 이 영화는 성인들만 볼 수 있는 영화입니다.<br>• 한국에서는 20살 이상인 사람을 성인이라고 한디 |
|---|---|
| 장점 | 명 advantage / 長所 / 优点. 好处<br>ⓟ 장단점<br>ⓟ 단점<br>• 그 사람의 장점은 다른 사람의 이야기를 잘 듣는<br>• 이 하숙집은 학교와 가까운 것이 장점이다. |
| 졸업 | 명 graduation / 卒業 / 毕业<br>졸업하다, …을/를 졸업하다<br>ⓟ 입학/입학하다<br>• 한국에서 대학교를 졸업하고 한국 회사에 취직을<br>• 그 사람은 입학한 지 5년 만에 졸업했다. |
| 취소 | 명 cancelation / 取り消し / 取消<br>취소하다 / 취소되다<br>• 일이 너무 많아서 약속을 취소했다.<br>• 비가 많이 와서 계획이 취소되었다. |

| | …은/는 물론이다<br>…은/는 물론이고<br>• 그 음식은 맛은 물론이고 건강에도 좋다.<br>• 물론 거기까지 가는 다른 길이 있지만 이 길이 가장 배 |
|---|---|
| 지각 | 명 lateness / 遲刻 / 迟到<br>지각하다<br>…에 지각하다<br>• 늦게 일어나서 오늘도 회사에 지각했다.<br>• 출근 시간에 지하철이 고장 나서 많은 사람들이 지각 |
| 합격 | 명 passing (the exam) / 合格 / 合格<br>합격하다<br>…에 합격하다<br>ⓟ 붙다<br>• 그 시험은 너무 어려워서 열심히 준비하지 않으면 합격<br>• 이번 시험에 합격해서 내년 3월부터 대학교에 다니게 |
| 다니다 | 동 go to / 通学する, 通勤する / 上(学, 班)<br>…에 다니다 |

6) 단어에는 '…에 들어가다'와 같이 학생들이 사용할 때 어려워하는 조사를 함께 제시하여 학습에 도움이 되도록 하였다.

7) **예문 작성 기준:**

- 예문을 통해 단어의 의미를 쉽게 이해할 수 있도록 하였으며, 단어와 함께 예문도 모두 녹음하였다.

- 토픽 시험에 자주 나오는 문법을 예문에 사용하여 학생들의 시험 준비에 실제적인 도움이 되도록 하였다.

- 예문에는 아직 공부하지 않은 단어는 사용하지 않고, 이미 공부한 단어를 활용하여 복습할 수 있도록 하였다.

## 3. 배운 단어 체크

- 단어를 공부하기 전에 전날 배운 단어를 간단히 떠올리며 체크할 수 있도록 하였다.

Day **3 1**

✓ 29일 단어 체크

| 태도 | ☐ | 일반 | ☐ | 부족 | ☐ | 희망 |
| 예정 | ☐ | 최신 | ☐ | 곤란하다 | ☐ | 속상 |
| 보살피다 | ☐ | 양보 | ☐ | 튼튼하다 | ☐ | 깨지 |
| 즐기다 | ☐ | 안정적 | ☐ | 굳이 | ☐ | 앞장 |

TOPIK 필수 어휘

---

### 확인학습

※ [1-3] 다음 단어와 단어에 맞는 설명을 알맞게 연결하십시오.

1 유명 ·          · ① 많은 사람들이 앎.

2 결심 ·          · ② 돈이나 물건 등을 받다.

3 타다 ·          · ③ 마음을 먹음.

※ [4-8] 다음 빈칸에 들어갈 단어를 〈보기〉에서 골라 알맞게 쓰십시오.

보기
| 미끄럽다 | 젊다 | 계산하다 | 먹이다 | 취소되다 | 일다 |

4 강남역, 홍대 등은 한국의 _____ -(으)ㄴ 사람들이 많이 모이는 곳이다.

5 엄마가 아이에게 약을 _____ -고 있다.

6 오늘은 내가 _____ -(으)ㄹ 테니까 맛있는 음식을 먹으러 가자.

7 이곳은 길이 _____ -(으)니까 조심하세요.

8 약속이 _____ -아/어서 할 일이 없어지니까 심심하다.

※ [9-11] 다음 밑줄 친 단어의 반대말을 쓰십시오.

9 밤이 너무 <u>시끄러워서</u> 잠을 잘 수가 없다.          (          )

## 4. 확인 학습

- 확인 학습을 통해 그날 공부한 단어의 의미와 문장에서의 쓰임을 확인할 수 있도록 하였다.
- 확인 학습의 문제는 다양한 유형을 제시하여 학생들이 실질적으로 단어를 쓰는 데 도움을 줄 수 있도록 하였다.

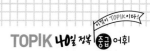

## 5. 종합 문제

-10일마다 종합 문제를 제시하여 학생들이 자신의 실력을 확인해 볼 수 있도록 하였다.

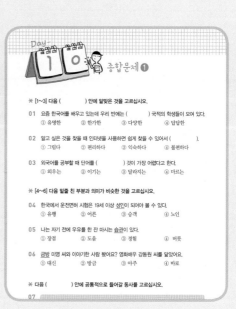

## 6. 특별 페이지

-많이 쓰는 사동사와 피동사, 부사는 따로 한꺼번에 정리하였다.

특별 페이지 -사동사-
많이 쓰는 사동사

| | | |
|---|---|---|
| 감다 | 감기다 | 엄마는 아기의 머리를 감겼다. |
| 깨다 | 깨우다 | 나는 자고 있는 동생을 깨웠다. |
| 끓다 | 끓이다 | 라면을 먹으려고 물을 끓였다. |
| 날다 | 날리다 | 아이들은 종이로 만든 비행기를 하늘로 날렸다. |
| 남다 | 남기다 | 음식을 남기지 말고 다 드세요. |
| 눕다 | 눕히다 | 엄마는 아기를 침대에 눕혔다. |
| 돌다 | 돌리다 | 빨래를 하기 위해 세탁기를 돌렸다. |
| 맞다 | 맞히다 | 아기에게 주사를 맞히기 위해 병원에 갔다. |
| 맡다 | 맡기다 | 언니는 나에게 조카를 맡기고 출근했다. |
| 먹다 | 먹이다 | 할머니는 아기에게 밥을 먹였다. |
| 벗다 | 벗기다 | 아기를 씻기기 위해 옷을 벗겼다. |
| 보다 | 보이다 | 신분증 좀 보여 주십시오. |
| 붙다 | 붙이다 | 벽에 내가 좋아하는 가수의 사진을 붙였다. |
| 살다 | 살리다 | 의사는 환자를 살리기 위해 최선을 다했다. |
| 서다 | 세우다 | 윤오 씨는 집 앞에 차를 세웠다. |
| 숨다 | 숨기다 | 엄마는 아이가 사탕을 많이 먹을까 봐 사탕을 숨겼다. |
| 신다 | 신기다 | 엄마는 아기에게 양말을 신겼다. |
| 씻다 | 씻기다 | 미영 씨는 강아지와 외출을 한 후에 강아지의 발을 씻겼다. |
| 쓰다 | 씌우다 | 아기의 얼굴이 탈까 봐 모자를 씌운 후에 나갔다. |
| 앉다 | 앉히다 | 아기를 의자에 앉히세요. |
| 알다 | 알리다 | 윤오 씨는 합격 소식을 가족에게 알렸다. |
| 울다 | 울리다 | 형이 동생을 때려서 울렸다. |
| 웃다 | 웃기다 | 윤오 씨는 농담을 잘 해서 다른 사람을 웃긴다. |

# 목차

# 1~10일

## 어휘

TOPIK 빈출 어휘

| | |
|---|---|
| 기억<br>[기억] | 명 memory / 記憶 / 记忆<br>기억하다 / 기억되다<br>• 나는 미영 씨를 처음 만난 날을 아직도 기억하고 있다.<br>• 나는 윤오에게 좋은 사람으로 기억되고 싶다. |
| 연락<br>[열락] | 명 contact / 連絡 / 联系<br>연락하다<br>…을 주다(드리다) / 받다<br>• 물건을 배달하기 전에 연락 주십시오.<br>• 어머니께서 한국에 오신다고 연락을 하셨다. |
| 자신<br>[자신] | 명 (one) self / 自分 / 自己, 自身<br>관 자기<br>• 그 사람은 자신이 그 일을 해야 한다고 생각했다.<br>• 그는 자신도 모르는 사이에 성격이 변해 갔다. |
| 출퇴근<br>[출퇴근] | 명 commute / 出退勤 /上下班<br>출퇴근하다<br>• 출퇴근 시간에는 지하철에 사람이 너무 많아서 힘들어요.<br>• 출퇴근할 때 영어 공부를 하고 있다. |
| 최근<br>[최근] | 명 recently / 最近 / 最近<br>유 요즘<br>• 최근에 그 사람과 연락한 적이 있어요?<br>• 최근 한국에 유학을 오는 학생들이 많아졌다. |

# TOPIK 중요 어휘

**남다**
[남따]

동 remain / 残る / 剩下
- 어제 먹다가 남은 케이크가 냉장고에 있다.
- 이번 달에는 친구를 자주 만나지 않아서 돈이 많이 남았다.

**교통**
[교통]

명 traffic / 交通 / 交通
- 출퇴근 시간에는 교통이 복잡하다.
- 한국에서는 버스와 지하철을 탈 때 교통카드가 필요하다.

**매장**
[매장]

명 store / 販売店 (ストア) / 卖场
- 백화점 1층에는 화장품 매장이 있다.
- 손님, 다른 매장에 손님이 찾으시는 물건이 있는지 연락해 보겠습니다.

**벌**
[벌]

명 punishment / 罰 / 惩罚
- 나쁜 일을 하면 벌을 받는다.
- 학교 다닐 때 숙제를 안 한 벌로 화장실 청소를 한 적이 있다.

**선배**
[선배]

명 senior / 先輩 / 前辈
반 후배
- 이분은 저보다 학교에 1년 빨리 들어온 제 선배입니다.
- 학교 선배가 같이 점심을 먹자고 했다.

**인물**
[인물]

명 person / 人物 / 人物, 人才
- '춘향이'는 한국의 옛날이야기의 인물 이름이다.
- 그 사람은 우리 회사에서 없으면 안 되는 중요한 인물이다.

**입학**
[이팍]

명 entrance into school / 入学 / 入学
입학하다, …에 입학하다
반 졸업 / 졸업하다
- 제 딸이 작년에 초등학교에 입학했어요.
- 한국 대학교에 입학하고 싶어서 한국어를 공부하고 있다.

| 중급<br>[중급] | 몡 **intermediate level** / 中級 / 中级 |
| | 괜 초급 / 고급 |
| | • 나는 지금 중급반에서 한국어를 공부하고 있다. |
| | • 그 사람은 중급 회화책을 들고 있다. |

| 집안일<br>[지반닐] | 몡 **household chores** / 家事 / 家务 |
| | • 엄마는 오늘도 빨래, 청소, 설거지 등 집안일을 하느라 바쁘시다. |
| | • 나는 집안일 중에서 빨래하는 것이 제일 싫다. |

| 해외<br>[해외] | 몡 **overseas country** / 海外 / 海外 |
| | 윤 외국 |
| | 반 국내 |
| | • 최근에 해외로 여행을 가는 사람들이 많아졌다. |
| | • 우리 회사는 내년에 해외에 매장을 열 계획이다. |

| 무섭다<br>[무섭따] | 혱 **scrary** / 怖い / 害怕, 可怕 |
| | 윤 두렵다 |
| | • 공포 영화를 봤는데 너무 무서워서 잠이 안 온다. |
| | • 김 선생님은 호랑이처럼 무서운 선생님이다. |

| 이상하다<br>[이상하다] | 혱 **weird** / 怪しい, 変だ / 奇怪, 有问题 |
| | • 이상한 사람이 집 앞에 서 있어서 무서웠다. |
| | • 전화기가 이상해요. 고장 났나 봐요. |

| 떠나다<br>[떠나다] | 동 **leave** / 去る / 离开, 去旅行 |
| | • 그 사람은 한국을 떠나 미국으로 갔다. |
| | • 미영 씨는 다음 주에 유럽으로 여행을 떠나서 한 달 후에 돌아온대요. |

| 모이다<br>[모이다] | 동 **gather** / 集まる / 集合 |
| | • 10시 30분 기차를 타야 하니까 내일 오전 10시까지 서울역 앞으로 모이세요. |
| | • 한국어 중급반 학생들이 모두 모이니까 100명이 되었다. |

01

02

| 붙다 | 통 be attached, pass (the exam) / 付く, 受かる / 貼着, 通过考试 |
|---|---|
| [붇따] | …에 붙다 |

관 합격하다

• 교실 문 앞에 시간표가 붙어 있다.
• 열심히 해서 시험에 꼭 붙으세요.

| 쓰다<sup>01</sup> | 통 put up (an umbrella), put on / さす, かぶる / 打伞, 戴帽子 |
|---|---|
| [쓰다] | |

• 우산을 쓰고 가는 사람이 많은 걸 보니까 비가 오는 모양이다.
• 저기 모자를 쓰고 있는 사람이 윤오 씨다.

## TOPIK 추천 어휘

| 세탁 | 명 laundry / 洗濯 / 洗衣服 |
|---|---|
| [세탁] | 세탁하다 |

관 세탁소

• 하얀 옷은 색깔이 있는 다른 옷과 같이 세탁하지 마십시오.
• 정장은 집에서 세탁하기 어려워서 세탁소에 가지고 갔다.

| 실수 | 명 mistake / 間違い / 失误 |
|---|---|
| [실쑤] | 실수하다 |

• 처음 한국어를 공부할 때 발음 때문에 실수를 많이 했다.
• '저기요'라고 말하려고 했는데 실수로 '자기야'라고 했다.

| 열쇠 | 명 key / 鍵 / 钥匙 |
|---|---|
| [열쐬] | |

• 열쇠가 없어서 집에 들어갈 수가 없다.
• 최근 열쇠 대신에 번호로 문을 열 수 있는 아파트들이 많아지고 있다.

| 가깝다 | 형 close (to) / 近い / 近 |
|---|---|
| [가깝따] | 반 멀다 |

• 학교에서 가까운 곳에 살면 좋겠다.
• 진우 씨보다는 미영 씨하고 더 가까운 사이이다.

| | |
|---|---|
| **가볍다**<br>[가볍따] | 형 light / 軽い / 轻<br>반 무겁다<br><br>• 건강을 위해서 매일 30분씩 가볍게 운동을 하세요.<br>• 시험을 보기 전에는 걱정을 많이 했는데 시험이 끝나고 나니까 마음이 가볍다. |
| **심심하다**<br>[심심하다] | 형 bored / 退屈だ / 无聊<br>• 주말에 할 일이 없어서 심심했다.<br>• 심심할 때 친구들과 만나서 게임을 하곤 한다. |
| **좁다**<br>[좁따] | 형 narrow / 狭い / 窄<br>반 넓다<br><br>• 우리 집은 거실은 넓은데 방이 좁다.<br>• 그 길은 좁아서 차가 갈 수 없으니까 넓은 길로 갑시다. |
| **켜다**<br>[켜다] | 동 turn on / つける / 打开, 开灯<br>반 끄다<br><br>• 라디오를 켜고 음악을 듣는다.<br>• 나는 집에 들어가자마자 불부터 켠다. |

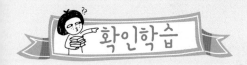

✱ [1~3] 다음 설명에 알맞은 단어를 〈보기〉에서 찾아 쓰십시오.

보기

| 해외 | 교통 | 출퇴근 | 집안일 | 열쇠 |
|------|------|--------|--------|------|

1  회사에 가고 일이 끝난 후에 다시 집에 가는 일                    (            )

2  요리, 청소, 설거지 등 집에서 하는 일들                          (            )

3  집에 들어갈 때 문을 열기 위해 필요한 것                         (            )


✱ [4~5] 다음 빈칸에 공통으로 들어갈 단어를 〈보기〉에서 골라 '기본형'으로 쓰십시오.

보기

| 붙다 | 남다 | 쓰다 |
|------|------|------|

4  이번 달에는 여행을 많이 가서 돈이 별로 (            ) 않았다.
   생각보다 손님이 적게 와서 음식이 많이 (            ).

   _____

5  비가 오지 않는데 우산을 (            ) 가는 사람이 있어서 이상하다고 생각했다.
   부모님이 너무 보고 싶어서 어제 부모님께 편지를 (            )

   _____


✱ [6~8] 다음 밑줄 친 단어의 반대말을 쓰십시오.

6  선배의 집은 우리 집과 <u>멀지만</u> 나는 심심할 때마다 선배와 자주 만났다.

                                                      (            )

7  내 방은 <u>좁아서</u> 친구들이 앉을 곳이 없다.                    (            )

8  미영 씨는 대학교를 <u>졸업하자마자</u> 선생님이 되었다.           (            )

**Day 02**

## ✔ 1일 단어 체크

| | | | | | | | | | |
|---|---|---|---|---|---|---|---|---|---|
| 남다 | ☐ | 연락 | ☐ | 최근 | ☐ | 해외 | ☐ | 모이다 | ☐ |
| 기억 | ☐ | 무섭다 | ☐ | 이상하다 | ☐ | 입학 | ☐ | 붙다 | ☐ |
| 떠나다 | ☐ | 선배 | ☐ | 쓰다 | ☐ | 켜다 | ☐ | 자신 | ☐ |

## TOPIK 필수 어휘

| | |
|---|---|
| **계산**<br>[계산, 게산] | 몡 **calculation** / 計算 / 算数, 结账<br>계산하다<br>• 그 사람은 숫자 계산을 잘 못한다.<br>• 오늘 점심은 제가 계산하겠습니다. |
| **교사**<br>[교사] | 몡 **instructor** / 敎師 / 教师<br>윤 선생님<br>• 내 꿈은 학생들을 가르치는 교사가 되는 것이다.<br>• 교사는 학교 밖에서도 다른 사람을 가르치려고 한다. |
| **실패**<br>[실패] | 몡 **failure** / 失敗 / 失败<br>실패하다<br>반 성공 / 성공하다<br>• 이번 일에 실패해서 마음이 무겁다.<br>• 실패 후에 더 많은 것을 배웠다. |
| **유명**<br>[유명] | 몡 **fame** / 有名 / 有名<br>유명하다<br>…(으)로 유명하다 / …기로 유명하다 |

• 제주도는 아름다운 경치로 유명한 섬이다.
• 우리 학교 시험은 어렵기로 유명하다.

| | |
|---|---|
| **조심**<br>[조심] | 명 carefulness / 注意 / 小心 |

조심하다

• 듣는 사람이 기분 나쁘지 않게 조심해서 말을 해야 한다.
• 환절기에는 감기에 걸리지 않게 조심하십시오.

TOPIK 중요 어휘

| | |
|---|---|
| **거울**<br>[거울] | 명 mirror / 鏡 / 镜子 |

• 아침마다 거울을 보면서 화장을 한다.
• 그 여배우는 하루 종일 거울을 본다.

| | |
|---|---|
| **기후**<br>[기후] | 명 climate / 気候 / 气候 |

• 우리 고향은 기후가 따뜻해서 살기에 좋다.
• 최근 기후가 많이 이상해져서 동물들이 살 곳이 없어지고 있다.

| | |
|---|---|
| **대부분**<br>[대부분] | 명 부 most, mostly / 大部分 / 大部分 |

유 거의

• 우리 회사 대부분의 사람들이 경기도에 살고 있다.
• 우리 학교에서 공부하는 학생들은 대부분 중국 학생들이다.

| | |
|---|---|
| **도움**<br>[도움] | 명 help / 助け 役立つ / 帮助 |

…을 주다 / 받다, …이 되다

• 이번 일에 도움을 주신 분들께 감사 드립니다.
• 한국 드라마를 보는 것은 듣기 연습에 도움이 많이 된다.

| | |
|---|---|
| **상점**<br>[상점] | 명 shop / 商店 / 商店 |

유 가게

• 이곳은 책을 파는 상점들이 많이 모여 있다.
• 대부분의 상점들은 보통 밤 10시에 문을 닫는다.

| 성인<br>[성인] | 명 **adult** / 成人 / 成人<br>유 어른<br><br>• 이 영화는 성인들만 볼 수 있는 영화입니다.<br>• 한국에서는 20살 이상인 사람을 성인이라고 한다. |
|---|---|
| 장점<br>[장쩜] | 명 **advantage** / 長所 / 优点, 好处<br>관 장단점<br>반 단점<br><br>• 그 사람의 장점은 다른 사람의 이야기를 잘 듣는 것이다.<br>• 이 하숙집은 학교와 가까운 것이 장점이다. |
| 졸업<br>[조럽] | 명 **graduation** / 卒業 / 毕业<br>졸업하다, …을/를 졸업하다<br>반 입학 / 입학하다<br><br>• 한국에서 대학교를 졸업하고 한국 회사에 취직을 하고 싶다.<br>• 그 사람은 입학한 지 5년 만에 졸업했다. |
| 취소<br>[취소] | 명 **cancelation** / 取り消し / 取消<br>취소하다 / 취소되다<br><br>• 일이 너무 많아서 약속을 취소했다.<br>• 비가 많이 와서 계획이 취소되었다. |
| 휴식<br>[휴식] | 명 **rest** / 休憩/ 休息<br>휴식하다<br><br>• 그 사람은 건강이 나빠져서 휴식이 필요하다.<br>• 10분 동안 휴식한 후에 다시 시작하겠습니다. |
| 달다<br>[달다] | 형 **sweet** / 甘い / 甜<br>반 쓰다<br><br>• 아이들은 사탕이나 초콜릿 같은 단것을 좋아한다.<br>• 음식을 너무 달게 먹으면 건강에 좋지 않다. |
| 느끼다<br>[느끼다] | 동 **feel** / 感じる / 感觉<br>• 시간이 정말 빠르다고 느낄 때가 많다.<br>• 나의 한국 생활을 도와준 친구에게 고마움을 느낀다. |

| 마르다 [마르다] | 동 형 dry / 乾く, 乾びる / 干 |
|---|---|

…이/가 마르다

• 햇볕이 좋아서 빨래가 빨리 말랐다.
• 오랜만에 온 비로 마른 땅이 젖었다.

| 먹이다 [머기다] | 동 feed / 食べさせる / 喂 |
|---|---|

• 엄마가 아기에게 우유를 먹이고 있다.
• 아이가 자고 일어나면 그 때 약을 먹이세요.

| 잃다 [일타] | 동 lose / 迷う, 失う / 迷路, 丢失 |
|---|---|

반 찾다

• 친구 집에 가려고 했는데 길을 잃어서 경찰에게 물어봤다.
• 큰 태풍이 와서 집을 잃은 사람이 많다.

| 타다 [타다] | 동 receive (a salary), win (a prize) / 貰う / 拿到, 得到 |
|---|---|

유 받다

• 이번 달에 아르바이트 비를 타면 한턱낼게요.
• 이번 말하기 대회에서 1등을 해서 상을 탔다.

TOPIK 추천 어휘

| 결심 [결씸] | 명 decision / 決心 / 决心 |
|---|---|

결심하다, …기로 결심하다

• 대학교에 입학할 결심으로 한국에 왔다.
• 내일부터 아침마다 운동을 하기로 결심했다.

| 경험 [경험] | 명 experience / 経験 / 经验 |
|---|---|

경험하다
…이 있다 / 없다

• 다른 나라를 여행하면 많은 것을 경험할 수 있다.
• 경험이 부족하니 많이 도와주십시오.

| 마지막 [마지막] | 명 the last / 最後 / 最后, 最终 |
| | 반 시작, 처음 |
| | • 한국을 떠나기 전에 마지막으로 친구들과 여행을 갔다. |
| | • 마지막에 들어온 사람에게 문을 닫으라고 했다. |

| 목소리 [목쏘리] | 명 voice / 声 / 声音 |
| | • 그 가수는 말할 때와 노래할 때 목소리가 많이 다르다. |
| | • 미영 씨의 목소리가 너무 작아서 잘 못 들었어요. |

| 후배 [후배] | 명 junior / 後輩 / 后辈 |
| | 반 선배 |
| | • 미영 씨는 제 대학교 후배입니다. |
| | • 선배와 후배들이 모두 모여서 학교에 대해서 이야기를 했다. |

| 미끄럽다 [미끄럽따] | 형 slippery / 滑りやすい / 滑 |
| | • 눈이 많이 와서 길이 미끄러우니까 조심하십시오. |
| | • 손이 미끄러워서 음료수 병을 열 수가 없다. |

| 슬프다 [슬프다] | 형 sad / 悲しい / 伤感, 伤心 |
| | 반 기쁘다 |
| | • 영화가 너무 슬퍼서 많은 사람들이 울었다. |
| | • 오늘이 마지막 수업이라고 생각하니 너무 슬프다. |

| 젊다 [점따] | 형 young / 若い / 年轻 |
| | 반 늙다 |
| | • 그 사람은 젊었을 때 해외에서 일을 한 경험이 있다. |
| | • 사장님께서는 나이보다 얼굴이 많이 젊어 보인다. |

| 조용하다 [조용하다] | 형 quiet / 静かだ / 安静 |
| | 조용히 |
| | 반 시끄럽다 |
| | • 그 카페는 사람이 많지 않아서 조용한 편이다. |
| | • 도서관에서는 조용히 하십시오. |

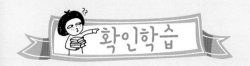

✲ [1-3] 다음 단어와 단어에 맞는 설명을 알맞게 연결하십시오.

1   유명 ·                           · ① 많은 사람들이 앎.

2   결심 ·                           · ② 돈이나 물건 등을 받다.

3   타다 ·                           · ③ 마음을 먹음.

✲ [4-8] 다음 빈칸에 들어갈 단어를 〈보기〉에서 골라 알맞게 쓰십시오.

> 보기
>
> | 미끄럽다 | 젊다 | 계산하다 | 먹이다 | 취소되다 | 잃다 |

4   강남역, 홍대 등은 한국의 _____ -(으)ㄴ 사람들이 많이 모이는 곳이다.

5   엄마가 아이에게 약을 _____ -고 있다.

6   오늘은 내가 _____ -(으)ㄹ 테니까 맛있는 음식을 먹으러 가자.

7   이곳은 길이 _____ -(으)니까 조심하세요.

8   약속이 _____ -아/어서 할 일이 없어지니까 심심하다.

✲ [9-11] 다음 밑줄 친 단어의 반대말을 쓰십시오.

9   밖이 너무 <u>시끄러워서</u> 잠을 잘 수가 없다.          (              )

10  저는 작년에 동국대학교에 <u>입학했어요</u>.          (              )

11  <u>선배</u>의 도움으로 그 일을 잘할 수 있었다.          (              )

Day 03

✔ 2일 단어 체크

| 유명 | ☐ | 경험 | ☐ | 취소 | ☐ | 젊다 | ☐ | 장점 | ☐ |
| 결심 | ☐ | 계산 | ☐ | 잃다 | ☐ | 대부분 | ☐ | 졸업 | ☐ |
| 타다 | ☐ | 먹이다 | ☐ | 실패 | ☐ | 조심 | ☐ | 느끼다 | ☐ |

TOPIK 빈출 어휘

**성공**
[성공]

명 success / 成功 / 成功
성공하다
반 실패 / 실패하다

• 실패했다고 너무 슬퍼하지 마세요. 열심히 하면 성공할 수 있을 거예요.
• 고등학교 선배가 성공해서 유명해졌더라고요.

**승객**
[승객]

명 passenger / 乗客 / 乘客

• 일본으로 떠나는 비행기를 타실 승객 여러분께서는 1번 게이트(Gate) 앞으로 오시기 바랍니다.
• 승객들이 모두 탄 후 버스는 출발했다.

**익숙하다**
[익쑤카다]

형 be accustomed to / 慣れる / 熟悉
…에 익숙하다

• 한국에 산 지 10년이 되어서 이제는 한국 문화에 익숙해졌다.
• 서울에 처음 왔을 때는 길을 찾는 것이 익숙하지 않아서 힘들었어요.

**편리하다**
[펼리하다]

형 convenient / 便利だ / 便利
…기(에) 편리하다
반 불편하다

• 새로 이사한 집은 교통이 편리한 곳에 있다.
• 가까운 곳에 세탁소가 있어서 편리하다.

| 남다[02] [남따] | 图 remain / 残る / 留恋, 剩下 |
|---|---|
| | …이/가 남다 |
| | • 한국에서 가장 기억에 남는 일이 무엇입니까? |
| | • 수업이 끝났는데 교실에 학생이 남아 있네요. |

| 이기다 [이기다] | 图 win / 勝つ / 赢 |
|---|---|
| | 圐 승리하다 |
| | 圐 지다 |
| | • 동생하고 게임을 했는데 내가 이겼다. |
| | • 나는 그 사람을 이기기 위해서 선배한테 도움을 받았다. |

TOPIK 중요 어휘

| 공공장소 [공공장소] | 图 in public / 公共の場 / 公共场所 |
|---|---|
| | • 도서관, 지하철과 같은 공공장소에서는 조용히 해야 한다. |
| | • 공공장소에서는 금연을 해야 한다. |

| 광고 [광고] | 图 advertisement / 広告 / 广告 |
|---|---|
| | 광고하다 |
| | • 한국에서는 술 광고는 밤 10시부터 할 수 있다. |
| | • 휴대 전화 광고를 보고 그 휴대 전화가 사고 싶어졌다. |

| 긴장 [긴장] | 图 tension / 緊張 / 紧张 |
|---|---|
| | 긴장하다 / 긴장되다 |
| | • 윤오는 시험을 볼 때 긴장이 되어서 실수를 많이 했다. |
| | • 나는 처음 만나는 사람 앞에서 많이 긴장하는 편이다. |

| 늦잠 [늗짬] | 图 oversleeping / 朝寝坊 / (睡)懒觉 |
|---|---|
| | …을 자다 |
| | • 늦잠을 자다가 학교에 늦은 적이 많다. |
| | • 7시에 일어나야 하는데 늦잠을 자서 9시에 일어났다. |

03
04

| **부동산**<br>[부동산] | 몧 **real estate** / 不動産屋 / 房地产中介<br>• 새로운 하숙집을 찾고 싶으면 가까운 부동산에 한번 가 보세요.<br>• 부동산에서 마음에 드는 집을 소개해 주었다. |
|---|---|
| **습관**<br>[습꽌] | 몧 **habit** / 習慣 / 习惯<br>꽌 버릇<br><br>• 일찍 자고 일찍 일어나는 습관은 건강에 좋다.<br>• 나는 자기 전에 우유를 마시는 습관이 있다. |
| **열차**<br>[열차] | 몧 **train** / 列車 / 列车<br>• 곧 열차가 도착하겠습니다. 승객 여러분께서는 잠시만 기다려 주시기 바랍니다.<br>• 부산에서 서울로 가는 마지막 열차는 밤 10시 50분에 출발합니다. |
| **요리**<br>[요리] | 몧 **cooking** / 料理 / 做菜, 烹饪<br>요리하다<br><br>• 지난달부터 학원에서 요리를 배우고 있다.<br>• 혼자 산 지 오래 되어서 요리하는 것도 익숙해졌다. |
| **짜다**<br>[짜다] | 혱 **salty** / 塩辛い / 咸<br>반 싱겁다<br><br>• 음식을 짜게 먹어서 계속 물을 마시고 싶다.<br>• 짜고 매운 음식은 건강에 좋지 않다. |
| **고치다**<br>[고치다] | 동 **fix** / 直す / 修理, 改正<br>유 수리하다<br><br>• 컴퓨터가 고장 나서 고치는 데 돈이 많이 필요하다.<br>• 약속 시간에 늦는 습관을 고치도록 하십시오. |
| **부치다**<br>[부치다] | 동 **send** / 送る / 寄<br>꽌 보내다<br><br>• 오늘 중국으로 편지를 부치면 언제 도착합니까?<br>• 날씨가 추워지자 고향에 계신 부모님께서 겨울옷을 부쳐 주셨다. |

**쓰다**[02]

[쓰다]

图 use / 使う / 使用

㊀ 사용하다

• 사전이 없으면 제 사전을 쓰십시오.
• 빨래할 때 세제를 너무 많이 쓰지 마십시오.

**웃기다**

[욷끼다]

图 make somebody laugh / 笑わせる / 使人发笑

• 그의 직업은 사람들을 웃기는 코미디언입니다.
• 내 친구는 재미있는 이야기를 잘해서 다른 사람을 많이 웃긴다.

**갑자기**

[갑짜기]

㊉ suddenly / 急に, 突然 / 突然

• 어제까지는 따뜻했는데 오늘 갑자기 날씨가 추워졌다.
• 미영 씨가 말도 없이 갑자기 해외로 떠났다.

**앞으로**

[아프로]

㊉ from now on / これから / 往后, 今后

• 처음 뵙겠습니다. 앞으로 잘 부탁드립니다.
• 의사가 앞으로 담배를 피우지 말라고 했다.

TOPIK 추천 어휘

**가까이**

[가까이]

명 ㊉ near / 近くに / 附近, 靠近

㉆ 멀리

• 집 가까이에 친구가 살고 있어서 외롭지 않다.
• 칠판 글씨가 잘 보이지 않으면 가까이 와서 앉으십시오.

**수첩**

[수첩]

명 note / 手帳 / 手册

• 중요한 일이 있으면 수첩에 쓰는 습관이 있다.
• 교수님의 전화번호를 알고 싶으면 학생 수첩을 찾아보십시오.

**요즘**

[요즘]

명 these days / この頃 / 最近

• 나는 요즘 건강을 위해 매일 아침 운동을 한다.
• 요즘은 너무 바빠서 하루에 3시간밖에 못 잔다.

**출장**
[출짱]

명 business trip / 出張 / 出差

…을 가다

• 남편은 해외로 출장을 자주 간다.
• 과장님께서는 출장 중이셔서 회사에 안 계십니다.

**어둡다**
[어둡따]

형 dark / 暗い / 暗

반 밝다

• 방이 너무 어두운데 불을 좀 켜 주십시오.
• 어두운 곳에서 책을 읽으면 눈이 나빠진다.

**끄다**
[끄다]

동 turn off / 消す / 关上

반 켜다

• 외출하기 전에 컴퓨터를 끄십시오.
• 시끄러운데 라디오 좀 꺼 주십시오.

**물어보다**
[무러보다]

동 ask / 聞いてみる / 打听, 询问

유 질문하다

• 여기에서 광화문까지 어떻게 가는지 몰라서 친구에게 물어보았다.
• 모르는 단어가 있으면 사전을 찾거나 선생님께 물어본다.

**모든**
[모든]

부 all / すべての / 所有

• 일요일에는 모든 약국이 문을 닫는다.
• 사장님께서 사무실로 들어오시자 모든 직원이 일어섰다.

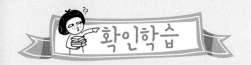

**✸ [1–3] 다음 빈칸에 들어갈 단어를 〈보기〉에서 골라 알맞게 쓰십시오.**

> **보기**
>
> 승객    공공장소    성공    습관    긴장    늦잠    광고

**1**  버스 정류장이나 영화관과 같은 _____ 에서는 조용히 해야 합니다.

**2**  나는 시간이 있을 때마다 거울을 보는 _____ 이/가 있다.

**3**  8시까지 출근해야 하는데 _____ 을/를 자서 회사에 늦었다.

**✸ [4–6] 다음 빈칸에 알맞은 말을 골라 연결하십시오.**

**4**  저는 제주도 여행이 가장 기억에 (          )  ·          · ① 쓰다

**5**  동생은 나의 물건을 자기의 물건처럼 (          )  ·          · ② 끄다

**6**  나는 잠을 자기 전에 텔레비전을 (          )  ·          · ③ 남다

**✸ [7–9] 다음 밑줄 친 단어의 반대말을 쓰십시오.**

**7**  날씨가 좋아서 방이 <u>밝으니까</u> 불을 끕시다.          (          )

**8**  이번에는 <u>실패</u>하지 않도록 조심하세요.          (          )

**9**  김치찌개가 <u>싱거워서</u> 소금을 넣었다.          (          )

03

04

Day 04

✔ 3일 단어 체크

| | | | | | | | | |
|---|---|---|---|---|---|---|---|---|
| 웃기다 | ☐ | 물어보다 | ☐ | 이기다 | ☐ | 고치다 | ☐ | 쓰다 ☐ |
| 공공장소 | ☐ | 습관 | ☐ | 성공 | ☐ | 부치다 | ☐ | 끄다 ☐ |
| 긴장 | ☐ | 광고 | ☐ | 익숙하다 | ☐ | 편리하다 | ☐ | 요즘 ☐ |

## TOPIK 필수 어휘

---

**노인**
[노인]

몡 the old / 老人 / 老人
- 65세 이상의 노인은 지하철을 무료로 탈 수 있다.
- 그 사람은 노인이지만 목소리는 젊다.

---

**대신**
[대신]

몡 instead of / 代わり / 代替
대신하다

- 집에 밥이 없어서 밥 대신 빵을 먹었다.
- 어머니를 대신할 수 있는 사람은 아무도 없다.

---

**안내문**
[안내문]

몡 sign / 案内文 / 说明文
- 대부분의 유명한 관광지에는 외국인을 위한 영어, 일본어, 중국어 안내문이 있다.
- 안내문에 지도가 있어서 길을 찾는 것이 어렵지 않았다.

---

**회**
[회]

몡 (number)th, (number)times / 回 / 届, 回
- 지금부터 제24회 졸업식을 시작하겠습니다.
- 일주일에 2~3회 화분에 물을 주어야 한다.

---

**사귀다**
[사귀다]

동 get along / 付き合う / 交往, 交朋友
- 남자 친구와 사귄 지 얼마나 됐어요?
- 내 친구는 성격이 활발해서 처음 보는 사람과도 빨리 사귄다.

---

| | |
|---|---|
| **가입**<br>[가입] | 명 admission / 加入 / 加入<br>…에 가입하다<br>• 대학교에 입학하면 태권도 동아리에 가입하고 싶다.<br>• 인터넷 쇼핑을 하기 위해서 인터넷 사이트에 가입을 먼저 해야 한다. |
| **반말**<br>[반말] | 명 talking down to somebody / 丁寧でない言葉 ↔ 敬語 / 非敬语<br>반말하다<br>반 높임말<br>• 후배는 선배에게 반말을 하면 안 된다.<br>• 한국어를 잘 몰라서 나이가 많은 사람에게도 반말을 한 적이 있다. |
| **본문**<br>[본문] | 명 text / 本文 / 课文<br>• 읽기 문제를 잘 풀려면 본문을 읽기 전에 문제부터 읽으십시오.<br>• 본문을 읽으면서 모르는 단어는 사전을 찾아보십시오. |
| **사용**<br>[사용] | 명 use / 使用 / 使用<br>사용하다 / 사용되다<br>• 비행기에서는 휴대 전화를 사용하면 안 된다.<br>• 전자 제품을 사용하기 전에 설명서를 잘 읽으십시오. |
| **예약**<br>[예약] | 명 reservation / 予約 / 预订<br>예약하다 / 예약되다<br>…을 받다<br>• 크리스마스에는 손님이 많기 때문에 예약을 받지 않습니다.<br>• 예약한 시간에 도착하지 못해서 예약이 취소되었다. |
| **월급**<br>[월급] | 명 salary / 月給 / 工资<br>…을 받다 / 타다<br>• 한국에서는 첫 월급을 타면 부모님께 선물을 한다.<br>• 그 회사는 월급은 많지만 일이 너무 힘들어서 다시 가고 싶지 않다. |

| | |
|---|---|
| **짐**<br>[짐] | 명 **baggage** / 荷物 / 行李<br>• 짐이 무거운데 좀 도와주실 수 있어요?<br>• 고향으로 떠나기 전에 짐을 부쳤다. |
| **특징**<br>[특찡] | 명 **characteristic** / 特徴 / 特征<br>…이 있다<br>• 이 노트북은 크기가 작고 가벼운 것이 특징이다.<br>• 한국은 여름에 비가 많이 오는 특징이 있다. |
| **휴가**<br>[휴가] | 명 **vacation** / 休暇 / 休假<br>• 이번 여름 휴가에는 해외여행을 가려고 한다.<br>• 휴가를 가는 사람들이 많아서 고속도로가 많이 막힌다. |
| **복잡하다**<br>[복짜파다] | 형 **complicated** / 複雑だ / 复杂<br>• 주말에 명동은 사람이 많아서 복잡해요.<br>• 가는 길이 복잡해서 설명하기가 힘들어요. |
| **남다**<sup>03</sup><br>[남따] | 동 **remain (time)** / 余る / 剩余<br>…이/가 남다<br>• 선물을 많이 사서 돈이 얼마 남지 않았다.<br>• 시험이 생각보다 어렵지 않아서 시간이 많이 남았다. |
| **받다**<br>[받따] | 동 **get** / 受け取る / 得到, 收到<br>• 이번 시험에서 100점을 받았다.<br>• 대학 졸업식에 가지 못해서 졸업장을 못 받았다. |
| **치다**<sup>01</sup><br>[치다] | 동 **take a test** / (試験を)受ける / 考试<br>• 어제 친 시험 결과는 다음 주 월요일에 알 수 있다.<br>• 대학 입학시험을 치러 가기 위해서 아침 일찍 출발했다. |
| **태어나다**<br>[태어나다] | 동 **be born** / 生まれる / 出生<br>…이/가 태어나다 |

- 나는 1985년에 서울에서 태어났다.
- 긴장한 아버지는 아기가 태어나기를 밖에서 기다리고 있다.

**별로**
[별로]

부 **not much** / 別に / 不太, 不怎么
- 출퇴근 시간인데 지하철에 사람이 별로 없다.
- 나는 김치를 별로 좋아하지 않아서 잘 안 먹는다.

**전혀**
[전혀]

부 **not at all** / 全然 / 一点也不
- 그 사람의 말이 너무 빨라서 전혀 이해하지 못했다.
- 이 음식은 고추장을 전혀 넣지 않고 만들어서 맵지 않아요.

04

05

TOPIK 추천 어휘

**뜻**
[뜯]

명 **meaning** / 意味 / 意思
유 의미
- 단어의 뜻을 몰라서 사전을 찾았다.
- 한 학기 동안 가르쳐 주신 선생님께 감사의 뜻으로 꽃을 보냈다.

**초**
[초]

명 **second** / 秒 / 秒
- 1분은 60초이다.
- 광고는 15초 동안 모든 것을 보여 주어야 하는 특징이 있다.

**혼자**
[혼자]

명 부 **alone** / ひとりで / 一个人, 自己
- 다른 사람들은 모두 퇴근을 하고 나 혼자 사무실에 있다.
- 아이가 너무 어려서 혼자 옷을 입지 못한다.

**뜨겁다**
[뜨겁따]

형 **hot** / 熱い / 烫
반 차갑다
- 커피가 너무 뜨거워서 마실 수가 없다.
- 날씨가 추울 때는 뜨거운 음식을 먹으면 좋아요.

| 우울하다 [우울하다] | 형 depressed / 憂鬱だ / 忧郁 |
|---|---|

• 이제 친구들과 만날 수 없다고 생각하니까 좀 우울하다.
• 우울할 때는 재미있는 영화를 보면 기분이 좋아진다.

| 통통하다 [통통하다] | 형 chubby / 丸々とする / 胖 |
|---|---|

• 아기가 잘 먹어서 통통해졌다.
• 나는 너무 마른 사람보다는 통통한 사람이 좋다.

| 걸다⁰¹ [걸다] | 동 hang / 掛ける / 挂 |
|---|---|

···에 ···을/를 걸다

• 옷걸이에 옷을 걸고 자리에 앉았다.
• 내 방문 앞에 액자를 걸었다.

| 닮다 [담따] | 동 resemble / 似る / 像,相似 |
|---|---|

···와/과 닮다, ···을/를 닮다

• 아버지와 아들이 눈이 많이 닮았다.
• 저는 어머니를 닮아서 성격이 조용한 편이에요.

| 깨끗이 [깨끄시] | 부 cleanly / きれいに / 干净 |
|---|---|

• 밥을 먹기 전에 손을 깨끗이 씻으세요.
• 집을 깨끗이 청소하니까 기분이 좋다.

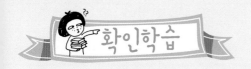

✳ [1–2] 다음 빈칸에 공통으로 들어갈 단어를 〈보기〉에서 골라 '기본형'으로 쓰십시오.

> 보기
> 걸다　　　　　받다　　　　　보다　　　　　남다

1　코트는 벗어서 저기에 (　　　) 여기에 앉아요.
　　너무 늦은 시간에는 친구 집에 전화를 (　　　) 않는 것이 좋습니다.

　　　　　　　　　　　　　　　　　　　　　_____

2　다음 월급날까지 2주를 더 기다려야 하는데 (　　　) 돈이 별로 없다.
　　읽기 시험의 본문에 있는 단어의 뜻이 어렵지 않아서 시험 시간이 많이 (　　　).

　　　　　　　　　　　　　　　　　　　　　_____


✳ [3–6] 다음 빈칸에 들어갈 단어를 〈보기〉에서 골라 알맞게 쓰십시오.

> 보기
> 특징　　　　깨끗이　　　　안내문　　　　짐　　　　뜨겁다

3　외출 후에는 손과 발을 _____ 씻어야 한다.

4　TOPIK 시험 전날 시험 장소와 시간을 알기 위해서 시험 _____을/를 봤다.

5　_____ 이/가 무거워 보이는데 제가 좀 도와 드릴까요?

6　한국 음식은 맵고 짠 것이 _____ −(이)다.


✳ [7–9] 다음 밑줄 친 단어와 의미가 비슷한 단어를 쓰십시오.

7　나와 우리 언니는 통통한 얼굴이 정말 <u>비슷하다</u>.　　　( 　　　　　 )

8　전화를 집에 놓고 왔는데 미영 씨 전화를 잠깐 <u>써도</u> 될까요?　( 　　　　　 )

9　두 사람은 성격은 <u>아주</u> 다르지만 정말 친한 친구이다.　　( 　　　　　 )

Day 05

✔ 4일 단어 체크

| | | | | | | | | | |
|---|---|---|---|---|---|---|---|---|---|
| 걸다 | ☐ | 받다 | ☐ | 보다 | ☐ | 남다 | ☐ | 특징 | ☐ |
| 반말 | ☐ | 복잡하다 | ☐ | 태어나다 | ☐ | 예약하다 | ☐ | 깨끗이 | ☐ |
| 안내문 | ☐ | 짐 | ☐ | 뜨겁다 | ☐ | 전혀 | ☐ | 사용하다 | ☐ |

TOPIK 빈출 어휘

**관객**
[관객]

명 audience / 觀客 / 观众
• 이 영화를 본 관객이 1,000만 명이라고 들었다.
• 관객 여러분들께서는 콘서트가 시작되기 전에 휴대 전화를 꺼 주시기 바랍니다.

**노력**
[노력]

명 effort / 努力 / 努力
노력하다
• 열심히 노력하면 성공할 수 있다.
• 한국 사람처럼 말하기 위해서는 많은 노력이 필요하다.

**버릇**
[버릇]

명 habit / 癖 / 习惯
관 습관
• 나는 술을 마시면 잠을 자는 버릇이 있다.
• "세 살 버릇 여든까지 간다."는 말은 어렸을 때의 나쁜 습관은 노인이 되어서도 고치기 힘들다는 뜻이다.

**전통**
[전통]

명 tradition / 伝統 / 传统
• 인사동에는 한국의 전통 물건을 파는 곳이 많습니다.
• 한국의 전통 결혼식에서는 한국의 전통 옷인 한복을 입는다.

| 제품<br>[제품] | 몡 **product** / 製品 / 产品 |
|---|---|
| | • 그 매장에는 싸고 좋은 제품이 많이 있다. |
| | • 이것은 누구든지 편리하게 사용할 수 있는 제품입니다. |

| 다양하다<br>[다양하다] | 혱 **various** / 多用だ / 各种各样 |
|---|---|
| | • 이 식당은 여러 나라의 다양한 요리를 먹을 수 있어서 손님이 많다. |
| | • 젊을 때는 다양한 경험을 하는 것이 중요하다. |

TOPIK 중요 어휘

| 국적<br>[국쩍] | 몡 **nationality** / 国籍 / 国籍 |
|---|---|
| | • 우리 반은 다양한 국적의 사람들이 모여서 공부하고 있다. |
| | • 나와 미영 씨는 중국과 한국으로 국적은 다르지만 제일 친한 친구이다. |

| 기온<br>[기온] | 몡 **temperature** / 気温 / 气温 |
|---|---|
| | • 아침저녁으로 기온이 낮아져서 감기에 걸린 사람이 많다. |
| | • 오늘 아침 기온은 14도, 낮 기온은 30도가 되겠습니다. |

| 내용<br>[내용] | 몡 **contents** / 内容 / 内容 |
|---|---|
| | • 한국어를 잘 못해서 안내문의 내용을 이해하지 못했어요. |
| | • 그 감독의 영화는 항상 내용이 비슷하다. |

| 오해<br>[오해] | 몡 **misunderstaing** / 誤解 / 误解 |
|---|---|
| | 오해하다 |
| | …를 받다 |
| | • 나쁜 뜻으로 말한 게 아니니까 오해하지 마십시오. |
| | • 나는 머리가 짧고 키가 커서 남자로 오해를 받을 때가 있다. |

| 이유<br>[이유] | 몡 **reason** / 理由 / 理由 |
|---|---|
| | • 어제 회의에 늦은 이유가 무엇입니까? |
| | • 내가 결혼을 하지 않는 데에는 여러 가지 이유가 있다. |

| 표현<br>[표현] | 몡 expression / 表現 / 表现, 表达<br>표현하다 / 표현되다<br><br>• 좋아하는 마음을 표현하는 것은 어려운 일이다.<br>• 하고 싶은 말은 있지만 한국어로 어떻게 표현을 해야 할지 모르겠어요. |

| 후회<br>[후회] | 몡 regret / 後悔 / 后悔<br>후회하다 / 후회되다<br><br>• 너무 외로울 때는 한국에 온 것을 후회한다.<br>• 고등학교 때 노력하지 않은 것이 후회된다. |

| 그립다<br>[그립따] | 혱 miss, long for / 懷かしい / 想念, 怀念<br>• 유학 생활을 해 보니까 고향에 계신 부모님이 제일 그립다.<br>• 친구들과 같이 공부하던 고등학교 때가 그립습니다. |

| 늘리다<br>[늘리다] | 동 extend, increase / 増やす/ 延长, 增加<br>뺸 줄이다<br><br>• 다이어트를 하기 위해 운동하는 시간을 늘렸어요.<br>• 내년에는 직원을 30명 더 늘리기로 했다. |

| 썩다<br>[썩따] | 동 rot / 腐る / 腐烂<br>• 음식이 썩지 않도록 조심하세요.<br>• 밖에 있던 과일이 썩어서 먹을 수가 없다. |

| 외우다<br>[외우다, 웨우다] | 동 memorize / 覚える / 背, 记<br>• 단어는 매일 조금이라도 외우는 것이 중요하다.<br>• 윤오는 친한 친구들의 전화번호를 모두 외우고 있다. |

| 지다<br>[지다] | 동 lose / 負ける / 输<br>뺸 이기다<br><br>• 축구 경기에서 우리 팀이 졌다.<br>• 경기에서 이기고 지는 것은 중요한 일이 아니다. |

| 헤어지다 [헤어지다] | 통 get apart / 別れる / 分手 |
|---|---|

…와/과 헤어지다

• 졸업을 해서 친구들과 헤어질 생각을 하니까 슬프다.
• 한국에서는 헤어질 때 "안녕히 가세요."라고 인사한다.

| 그냥 [그냥] | 부 just, as it is / ただ / 直接, 就那样 |
|---|---|

• 편의점에 갔다가 아무것도 사지 않고 그냥 나왔다.
• 이 딸기는 씻지 않고 그냥 먹으면 안 돼.

| 금방[01] [금방] | 부 minute before / 今し方 / 马上, 刚刚 |
|---|---|

유 방금

• 금방 만든 음식이 따뜻하다.
• 금방 뭐라고 했어요?

05
06

TOPIK  추천 어휘

| 거짓말 [거진말] | 명 lie / 嘘 / 谎言 |
|---|---|

• 회사에 가기 싫어서 아프다고 거짓말을 하고 출근하지 않았다.
• 나는 거짓말을 하면 얼굴이 빨개진다.

| 교환 [교환] | 명 exchange / 交換 / 交换 |
|---|---|

교환하다
관 교환 학생

• 어제 산 옷이 너무 작아서 큰 것으로 교환했다.
• 윤오 씨는 다음 학기부터 교환 학생으로 영국에 가서 공부한다고 한다.

| 결석 [결썩] | 명 absence / 欠席 / 缺课 |
|---|---|

결석하다
반 출석 / 출석하다

• 미영 씨는 며칠 전부터 아프다고 하더니 오늘 학교에 결석했다.
• 결석을 자주 하는 습관은 좋지 않으니까 빨리 고치도록 하십시오.

| 경치<br>[경치] | 명 view / 景色 / 风景 |
|---|---|

• 한국에서 제주도처럼 경치가 좋은 곳도 없어요.

• 제 고향은 산과 바다의 경치가 아름답기로 유명합니다.

| 물론<br>[물론] | 명 부 sure, of course / もちろん / 当然 |
|---|---|

…은/는 물론이다

…은/는 물론이고

• 그 음식은 맛은 물론이고 건강에도 좋다.

• 물론 거기까지 가는 다른 길이 있지만 이 길이 가장 빠릅니다.

| 지각<br>[지각] | 명 lateness / 遅刻 / 迟到 |
|---|---|

지각하다

…에 지각하다

• 늦게 일어나서 오늘도 회사에 지각했다.

• 출근 시간에 지하철이 고장 나서 많은 사람들이 지각했다.

| 합격<br>[합꼑] | 명 passing (the exam) / 合格 / 合格 |
|---|---|

합격하다

…에 합격하다

관 붙다

• 그 시험은 너무 어려워서 열심히 준비하지 않으면 합격하기 어렵다.

• 이번 시험에 합격해서 내년 3월부터 대학교에 다니게 되었다.

| 다니다<br>[다니다] | 동 go to / 通学する, 通勤する / 上(学, 班) |
|---|---|

…에 다니다

• 영어 시험을 준비하기 위해서 다음 달부터 학원에 다니기로 했다.

• 윤오는 월급을 많이 주는 회사에 다니고 있다.

| 돌다<br>[돌다] | 동 turn, go around / 曲がる / 转, 转悠 |
|---|---|

• 그 병원은 저 앞 사거리에서 오른쪽으로 돌면 바로 있어요.

• 건강을 위해서 저녁을 먹은 후에 공원을 한 바퀴 돌기로 했다.

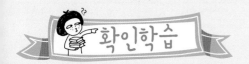
확인학습

※ [1~3] 다음 설명에 알맞은 단어를 〈보기〉에서 찾아 쓰십시오.

보기

| 거짓말 | 오해 | 결석 | 경치 | 지각 |

1  아파서 학교에 가지 않음. ( )

2  잘못 알거나 잘못 생각함. ( )

3  늦게 일어나서 회사 출근 시간보다 늦게 감. ( )

※ [4~7] 다음 빈칸에 들어갈 단어를 〈보기〉에서 골라 알맞게 쓰십시오.

보기

| 노력하다 | 다니다 | 외우다 | 다양하다 | 표현하다 |

4  열심히 _____ -아/어서 대학교에 합격했다.

5  이 영화를 보고 느낀 점을 글로 _____ -아/어 보세요.

6  백화점에서는 _____ -(으)ㄴ/는 물건을 팔아요.

7  요즘 한국어를 공부하기 위해서 학교에 _____ -고 있다.

※ [8~9] 다음 밑줄 친 단어의 반대말을 쓰십시오.

8  이번 축구 경기에서 우리 팀이 <u>이겼어요</u>. ( )

9  오랜만에 친구들을 <u>만나서</u> 이야기를 했다. ( )

Day 06

## TOPIK 필수 어휘

**불편**
[불편]

몡 inconvenience / 不便 / 不方便
불편하다
뫤 편하다 / 편리하다

• 여러 명이 모여서 함께 사니까 많은 불편이 있다.
• 짧은 치마를 입으면 운동할 때 불편하다.

**이후**
[이후]

몡 after / 以後 / 以后
뫤 이전

• 지금은 바쁘니까 3시 이후에 전화하십시오.
• 나는 취직한 이후로 생활 습관이 많이 달라졌다.

**잘못**
[잘몯]

몡 뷔 mistake, mistakenly / 誤り, 間違い / 错误
잘못하다 / 잘못되다

• 그 사람한테는 아무 잘못도 없어. 모두 내가 잘못했어.
• 버스를 잘못 타서 학교에 지각했다.

**참고**
[참고]

몡 reference / 参考, 参照 / 参考
참고하다
…가 되다

• 오늘 해 주신 말씀 정말 감사합니다. 제가 취직 준비를 하는 데 참고가 많이 될 것 같습니다.
• 신문을 참고해서 쓰기 연습을 하면 좋다.

| 화 | 명 anger / 怒り / (生) 气 |
| --- | --- |
| [화] | …가 나다 |

• 친구가 약속 시간에 늦어서 나는 화가 났어요.
• 미영씨가 아무 말도 하지 않는 걸 보니까 화가 많이 난 모양이에요.

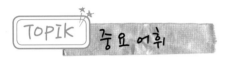

## TOPIK 중요 어휘

| 서로 | 명 부 each other / 互いに / 互相 |
| --- | --- |
| [서로] | • 우리는 오래된 친구라서 서로의 특징을 잘 알고 있다. |
| | • 그 두 사람은 서로 너무 사랑하는 것 같다. |

| 어깨 | 명 shoulder / 肩 / 肩膀 |
| --- | --- |
| [어깨] | • 가방이 너무 무거워서 어깨가 아프다. |
| | • 그 사람은 수영을 오래 해서 어깨가 넓다. |

| 우정 | 명 friendship / 友情 / 友情 |
| --- | --- |
| [우정] | • 나에게는 사랑보다 친구와의 우정이 더 중요하다. |
| | • 돈 문제로 친구와의 우정을 잃었다. |

| 전체 | 명 all / 全体 / 全体 |
| --- | --- |
| [전체] | • 우리나라 전체 중학생의 수는 18만 명이다. |
| | • 공휴일이어서 회사 전체가 문을 닫았다. |

| 포장 | 명 packaging / 包装 / 包装 |
| --- | --- |
| [포장] | 포장하다 / 포장되다 |
| | • 이 옷은 선물할 거니까 예쁘게 포장해 주세요. |
| | • 상자가 포장되어 있어서 안에 무엇이 있는지 알 수 없다. |

06
07

| | |
|---|---|
| **답답하다**<br>[답따파다] | 혱 **stuffy** / もどかしい, 息苦しい / 烦闷, 急人<br>• 좁은 방 안에 여러 명이 모여 있어서 답답하다.<br>• 하고 싶은 말은 많지만 표현할 수 없어서 답답하다. |
| **어리다**<br>[어리다] | 혱 **young** / 小さい, 若い / 幼小, 年轻<br>• 나는 어렸을 때 커서 선생님이 되고 싶었다.<br>• 그 사람은 나이에 비해서 어려 보인다. |
| **놀라다**<br>[놀라다] | 동 **be startled at, be surprised** / 驚く / 吃惊<br>• 길에서 모르는 사람이 내 이름을 불러서 깜짝 놀랐다.<br>• 생각보다 시험 점수가 좋아서 놀랐다. |
| **불다**<br>[불다] | 동 **blow, be in popular** / 吹く / 刮 (风)<br>• 이번 주말에는 비가 오고 바람이 불겠습니다.<br>• 최근 외국어 공부 열풍이 불면서 출퇴근 시간에 외국어를 공부하는 사람들이 많아졌다. |
| **빼다**<br>[빼다] | 동 **take out** / 抜く / 掏出, 拔<br>• 윗사람에게 인사를 할 때는 주머니에서 손을 빼고 인사해야 한다.<br>• 컴퓨터를 사용하지 않을 때는 플러그를 빼십시오. |
| **식다**<br>[식따] | 동 **get cold** / 冷える, 冷める / 凉了<br>…이/가 식다<br>• 음식이 식기 전에 빨리 드세요.<br>• 친구를 기다리는 동안 주문한 음식이 다 식었다. |
| **주다**<br>[주다] | 동 **give (a prize, grade)** / 与える / 给<br>반 받다<br>• 개근상은 결석을 하지 않은 학생에게 주는 상이다.<br>• 시험을 보지 않은 학생에게는 점수를 줄 수 없다. |

| 치다[02] | 동 play (tennis), hit / (テニスを) する, 打つ / 打, 拍 |
|---|---|
| [치다] | • 테니스를 잘 치려면 매일 연습해야 한다. |
| | • 화가 난 선생님이 책상을 쳤다. |

| 펴다 | 동 open, unfold (an umbrella) / 開ける, (傘を) 開く / 打开 |
|---|---|
| [펴다] | • 책 198쪽을 펴세요. |
| | • 건물 안에서는 우산을 펴지 마세요. |

| 스스로 | 부 by oneself / 自ら / 自己 |
|---|---|
| [스스로] | • 네가 할 일은 네 스스로 해라. |
| | • 아이가 엄마의 도움 없이 스스로 일어섰다. |

TOPIK 추천 어휘

| 가뭄 | 명 drought / 日照り/ 旱災 |
|---|---|
| [가뭄] | • 오랜 가뭄이 끝나고 비가 내렸다. |
| | • 가뭄 때문에 마실 물도 없어졌다. |

| 공연 | 명 performance / 公演 / 演出 |
|---|---|
| [공연] | 관 공연장 |
| | • 공연 중에는 휴대 전화를 꺼 주십시오. |
| | • 공연 시작 30분 전에 공연장에 들어가야 합니다. |

| 식습관 | 명 eating habits / 食習慣 / 饮食习惯 |
|---|---|
| [식씁꽌] | • 음식을 짜게 먹는 식습관을 고쳐야 한다. |
| | • 야채를 안 먹는 식습관을 바꾸지 않으면 건강이 더 나빠질 것이다. |

| 아까 | 명 부 a while ago / さっき / 刚才 |
|---|---|
| [아까] | • 아까는 별로 춥지 않았는데 지금은 춥다. |
| | • 아까 수업 시간에 배운 내용이 기억나지 않아서 친구에게 물어봤다. |

| 전통적<br>[전통적] | 몡 traditional / 伝統的 / 传统 |
|---|---|
| | • 설날에는 전통적으로 떡국을 먹는다. |
| | • 전통적인 느낌으로 집을 고쳤다. |

| 추가하다<br>[추가하다] | 동 add / 追加 / 增加, 附加 |
|---|---|
| | • 아주머니, 여기 고기 2인분 추가해 주세요. |
| | • 보고서에 내년 우리 회사 광고 계획에 대한 내용을 추가해 주십시오. |

| 희다<br>[히다] | 혱 white (gray hair) / 白い / 白, 皎洁 |
|---|---|
| | • 요즘 어머니에게 흰머리가 많아져서 마음이 아프다. |
| | • 어젯밤에 흰 눈이 왔다. |

| 걸다<sup>02</sup><br>[걸다] | 동 talk (to) / (声を) かける / 插入, 攀谈 |
|---|---|
| | • 내가 이야기를 하는 중간에 친구가 말을 걸어서 하려고 했던 말을 잊어버렸다. |
| | • 모르는 사람이 길을 물어보려고 나에게 말을 걸었다. |

| 버리다<br>[버리다] | 동 throw away / 捨てる / 扔掉 |
|---|---|
| | • 길에 쓰레기를 버리지 마십시오. |
| | • 냉장고 안에 있던 음식이 다 썩어서 버렸다. |

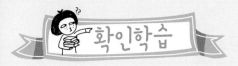

✱ [1-3] 다음 단어와 단어에 맞는 설명을 알맞게 연결하십시오.

1  스스로 ·                        · ① 오랫동안 계속해서 비가 내리지 않는 날씨

2  어리다 ·                        · ② 다른 사람보다 나이가 적다.

3  가뭄 ·                          · ③ 자기 힘으로

✱ [4-5] 다음 밑줄 친 단어의 반대말을 쓰십시오.

4  집 가까이에 마트가 있어서 <u>편리하다</u>.                    (                    )

5  오늘은 늦었으니까 내일 9시 <u>이전</u>에 전화하세요.              (                    )

✱ [6-9] 다음 빈칸에 들어갈 단어를 〈보기〉에서 골라 알맞게 쓰십시오.

| 보기 | | | | | |
|------|------|------|------|------|------|
| 잘못 | 놀라다 | 아까 | 추가 | 식다 | 서로 |

6  선배와 후배는 _____ 어려운 일을 도와줘야 한다.

7  음식은 따뜻할 때 먹는 게 더 맛있으니까 _____ -기 전에 드세요.

8  102번 버스를 타야 하는데 버스를 _____ 타서 지각을 했다.

9  점수가 안 좋을 거라고 생각했는데 좋은 점수를 받아서 많이 _____ -았/었다.

Day 07

✓ 6일 단어 체크

| | | | | | | | | |
|---|---|---|---|---|---|---|---|---|
| 잘못 | ☐ | 빼다 | ☐ | 불다 | ☐ | 펴다 | ☐ | 걸다 | ☐ |
| 이후 | ☐ | 답답하다 | ☐ | 스스로 | ☐ | 서로 | ☐ | 공연 | ☐ |
| 불편 | ☐ | 치다 | ☐ | 전체 | ☐ | 아까 | ☐ | 추가 | ☐ |

## TOPIK 빈출 어휘

**경제**
[경제]

명 economy / 経済 / 经济
- 최근 한국의 경제가 좋지 않아서 취직을 못하는 사람들이 많아지고 있다.
- 수업 시간에 교수님과 미국의 경제 문제에 대해서 이야기했다.

**고민**
[고민]

명 worry / 悩み / 苦闷, 苦恼
고민하다

- 대학원에 갈까 말까 고민하고 있다.
- 아들의 나쁜 식습관 때문에 고민이에요.

**상대방**
[상대방]

명 the other party (person) / 相手 / 对方
- 이야기를 할 때는 상대방의 기분을 생각하면서 말해야 한다.
- 상대방의 눈을 보면서 이야기하는 것이 좋다.

**이웃**
[이욷]

명 neighborhood / 隣家 / 邻近, 邻居
- 한국에서 생활하는 동안 이웃 아주머니의 도움을 많이 받았다.
- 어려운 일이 있을 때마다 이웃에 사는 언니에게 물어본다.

| 달라지다 | 图 be changed / 変る / 変样 |
|---|---|
| [달라지다] | • 머리 모양이 달라져서 미영 씨인 줄 몰랐다. |
| | • 서울은 10년 전과 지금 아주 많이 달라졌다. |

| 그대로 | 图 as it is / そのまま / 原样, 就那样 |
|---|---|
| [그대로] | • 포장을 그대로 가져오시면 교환하실 수 있습니다. |
| | • 내가 느낀 그대로 그림을 그렸다. |

| 점점 | 图 gradually / 少しづつ, だんだん / 渐渐, 越来越 |
|---|---|
| [점점] | • 한국에 온 지 6개월이 되어서 이제 한국 생활에 점점 익숙해지고 있다. |
| | • 퇴근 시간이 가까워져서 그런지 지하철역에 사람이 점점 많아지고 있다. |

TOPIK 중요 어휘

| 고백 | 图 confession / 告白 / 告白 |
|---|---|
| [고백] | 고백하다 |
| | • 윤오 씨는 유민 씨에게 좋아한다고 고백했다. |
| | • 좋아하는 사람에게 고백을 하려고 하는데 너무 긴장된다. |

| 미혼 | 图 single / 未婚 / 未婚 |
|---|---|
| [미혼] | 반 기혼 |
| | • 언니들은 모두 결혼을 했지만 저는 아직 미혼이에요. |
| | • 미혼 남녀 100명에게 어떤 사람과 결혼하고 싶은지 물어봤습니다. |

| 복사 | 图 copy / コピー / 复印 |
|---|---|
| [복싸] | 복사하다 |
| | • 부장님께서 서류를 3장 복사해 오라고 하셨다. |
| | • 은행에서 통장을 만들 때 직원이 신분증을 복사한다. |

**신제품**
[신제품]

명 new product / 新製品 / 新产品
- 신제품을 사기 위해서 컴퓨터 매장에 갔다.
- 사용하시던 제품을 가지고 오시면 신제품을 20% 싸게 살 수 있습니다.

**연락처**
[열락처]

명 contact number / 連絡先 / 联络处, 电话号码
- 십 년 만에 만난 후배의 연락처를 물어봤다.
- 주문하신 제품을 댁으로 보내 드릴 테니까 여기에 연락처를 써 주십시오.

**유행**
[유행]

명 trend / 流行 / 流行

유행하다
관 유행어

- 요즘 한국은 짧은 머리가 유행하고 있어서 많은 사람들이 따라한다.
- 그 사람이 한 말이 갑자기 유행어가 되어서 모르는 사람이 없다.

**일상**
[일쌍]

명 daily-life / 日常 / 日常
- 우울할 때는 일상을 떠나서 여행을 가는 것이 좋다.
- 글을 쓸 때 사용하는 말과 일상생활에서 사용하는 말이 다르다.

**남기다**
[남기다]

동 leave / 残す / 剩, 留
- 식사를 할 때는 음식을 남기면 안 된다.
- 친구를 만나러 갔는데 친구가 없어서 메모를 남기고 왔다.

**놓다**
[노타]

동 put / 置く / 放

…에 …을/를 놓다

- 집에 숙제를 놓고 왔다.
- 책상 위에 컵을 놓았다.

**돌보다**
[돌보다]

동 take care of / 世話をする, 面倒をする / 照顾

관 보살피다

- 부모님께서 여행을 가셔서 내가 동생을 돌봐야 한다.
- 아기를 돌보는 일은 어려운 일이다.

**쌓다**
[싸타]

동 stack / 積む / 积累, 堆
- 취직을 하기 위해서 여러 가지 경험을 많이 쌓아야 한다.
- 아이가 장난감을 여러 개 쌓아서 집을 만들었다.

| 움직이다<br>[움지기다] | 동 move / 動く / 动 |
| --- | --- |

• 움직이지 말고 그대로 계십시오.
• 자동차가 고장 나서 움직이지 않는다.

| 찍다<br>[찍따] | 동 stamp / 押す / 盖章 |
| --- | --- |

• 통장을 만들 때 통장에다가 도장을 찍는 대신에 사인을 해도 된다.
• 부동산 아저씨가 서류에 도장을 찍으라고 했다.

| 금방[02]<br>[금방] | 부 soon / すぐ / 马上 |
| --- | --- |

• 날씨가 흐린 걸 보니까 금방 비가 올 것 같다.
• 조금만 기다리세요. 금방 올게요.

| 늘<br>[늘] | 부 always / いつも / 总是 |
| --- | --- |

유 항상

• 그 가게에는 늘 사람이 많아서 미리 예약을 해야 한다.
• 그 사람은 늘 거기에서 나를 기다린다.

## TOPIK 추천 어휘

| 개인<br>[개인] | 명 individual / 個人 / 个人 |
| --- | --- |

• 개인의 노력만으로는 성공하기 힘들다.
• 그 일은 개인이 아니라 나라에서 할 수 있는 일이다.

| 전자<br>[전자] | 명 electricity / 電子 / 电子 |
| --- | --- |

관 전자 제품

• 종이로 만든 사전보다 전자사전이 단어를 찾을 때 더 편리하다.
• 용산 전자 상가에 가면 컴퓨터, MP3 등 다양한 전자 제품을 싸게 살 수 있다.

| 중간<br>[중간] | 명 in the middle / 中間, 中ほど / 中间 |
| --- | --- |

• 영화관에 늦게 들어가서 영화를 중간부터 봤다.
• 수업 시간 중간에 배가 아파서 화장실에 갔다.

| | |
|---|---|
| **끓다**<br>[끌타] | 동 **boil** / 沸く / 煮开<br>…이/가 끓다<br><br>• 국물이 다 끓었으니까 불을 끄십시오.<br>• 물이 끓을 때는 뜨거우니까 조심해야 한다. |
| **넣다**<br>[너타] | 동 **put in** / 入れる / 放<br>• 김치찌개에 소금을 너무 많이 넣었더니 짜서 먹을 수가 없었다.<br>• 가방 안에 책을 많이 넣어서 무겁다. |
| **더하다**<br>[더하다] | 동 **add** / 加える / 加<br>반 빼다<br><br>• 물건값에 배송료를 더하니까 매장에서 직접 사는 것보다 비쌌다.<br>• 머리가 너무 아파서 간단한 숫자를 더하는 것도 힘들었다. |
| **불친절하다**<br>[불친절하다] | 형 **unkind, inhospitable** / 不親切だ / 不亲切, 不热情<br>반 친절하다<br><br>• 아무리 맛있어도 불친절한 식당은 가고 싶지 않다.<br>• 그 회사에 전화를 했는데 직원이 불친절하게 전화를 받아서 기분이 안 좋았다. |
| **마음대로**<br>[마음대로] | 부 **as you wants** / 思う限り, わがまま, 勝手に / 随便<br>• 여기에 있는 물건은 마음대로 사용해도 됩니다.<br>• 윤오 씨는 언제나 다른 사람은 생각하지 않고 자기 마음대로 한다. |
| **바로**<br>[바로] | 부 **immediately** / 直ちに / 马上, 直接<br>• 지금 바로 출발하지 않으면 비행기를 탈 수 없어요.<br>• 집에 도착하는 대로 바로 전화하십시오. |

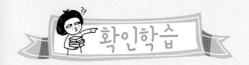

✻ [1-4] 다음 빈칸에 들어갈 단어를 〈보기〉에서 골라 알맞게 쓰십시오.

보기

| 남기다 | 신제품 | 달라지다 | 움직이다 | 고민하다 | 돌보다 |

1  그 부부는 아이들을 _____ -느라고 너무 바쁘다.

2  요즘 유학을 갈까 말까 _____ -고 있다.

3  음식을 _____ -(으)ㄴ/는 습관을 고치라고 어머니께서 말씀하셨다.

4  길 위에 누워 있는 강아지가 죽었는지 _____ -지 않는다.


✻ [5-6] 다음 빈칸에 공통으로 들어갈 단어를 〈보기〉에서 골라 '기본형'으로 쓰십시오.

보기

| 찍다 | 놓다 | 넣다 | 쌓다 | 끓다 |

5  이 사진은 작년에 친구와 부산에서 (            ) 사진이다.
   우리 회사와 상대방 회사는 함께 일하기로 약속하고 서류에 도장을 (            ).

   _____

6  커피가 너무 써서 설탕을 조금 더 (            ).
   고향에 있는 부모님께 보낼 편지를 써서 우체통에 (            ).

   _____


✻ [7-9] 다음 밑줄 친 단어와 의미가 비슷한 단어를 쓰십시오.

7  윤오 씨는 항상 바빠서 쉽게 만날 수 없다.              (            )

8  미영 씨에게 전화를 했더니 곧 도착한다고 했다.              (            )

9  나는 새 제품을 써 보고 느낀 점을 인터넷 홈페이지에 쓰곤 한다. (            )

✓ 7일 단어 체크

| | | | | | |
|---|---|---|---|---|---|
| 달라지다 ☐ | 움직이다 ☐ | 고민 ☐ | 돌보다 ☐ | 찍다 ☐ |
| 마음대로 ☐ | 금방 ☐ | 점점 ☐ | 더하다 ☐ | 넣다 ☐ |
| 연락처 ☐ | 상대방 ☐ | 남기다 ☐ | 그대로 ☐ | 바로 ☐ |

## TOPIK 필수 어휘

**수리**
[수리]

명 reparing / 修理 / 修理

수리하다

㊤ 고치다 / 손을 보다

• 텔레비전을 수리하는 돈이 비싸서 새로 사기로 했다.

• 고장 난 컴퓨터를 수리하려고 용산 전자 상가에 갔다.

**특별**
[특뼐]

명 special / 特別 / 特別

특별하다

• 우리 회사는 설날에 특별 보너스를 준다.

• 떡은 옛날에는 생일과 같은 특별한 날에만 먹는 음식이었다.

**중**
[중]

명 during / 中 / 中

• 운전 중에는 휴대 전화를 사용하면 안 됩니다.

• 방학 중에는 도서관이 일찍 문을 닫습니다.

**찾아보다**
[차자보다]

동 look up / 捜してみる / 查

• 단어의 뜻을 알고 싶어서 사전을 찾아보았다.

• 숙제를 하기 위해서 필요한 자료를 인터넷에서 찾아보았다.

| 특별히 | 閉 **specially** / 特別に / 特別 |
|---|---|
| [특별히] | • 나는 특별히 먹고 싶은 것이 없으니까 네가 먹고 싶은 것을 먹자. |
| | • 교수님께 드릴 선물이라서 특별히 예쁘게 포장했다. |

TOPIK 중요 어휘

| 긍정적 | 閉 **positive** / 肯定的 / 乐观, 积极 |
|---|---|
| [긍정적] | 뻰 부정적 |
| | • 그 사람은 긍정적인 성격이어서 잘 울지 않는다. |
| | • 이번 일은 실패했지만 너무 나쁘게 생각하지 말고 긍정적으로 생각합시다. |

| 모양 | 閉 **look** / 形(かたち) / 样子 |
|---|---|
| [모양] | • 그 사람의 머리 모양이 달라져서 누구인지 몰랐다. |
| | • 신발 모양은 마음에 드는데 색깔이 마음에 들지 않는다. |

| 발표 | 閉 **announcement, presentation** / 発表 / 发表 |
|---|---|
| [발표] | 발표하다 / 발표되다 |
| | • 내일은 대학 합격자 발표가 있는 날이다. |
| | • 발표를 하기만 하면 너무 긴장돼서 실수를 한다. |

| 배 | 閉 **(number) times** / 倍 / 倍 |
|---|---|
| [배] | • 한국의 커피 값은 우리나라에 비해서 2배 더 비싸다. |
| | • 눈이 와서 학교까지 가는 시간이 2배나 걸렸다. |

| 예상 | 閉 **expectation** / 予想 / 预想 |
|---|---|
| [예상] | 예상하다 / 예상되다 |
| | • 우리가 어제 예상한 것보다 더 많은 사람이 모였습니다. |
| | • 내일 날씨는 오늘보다 더 추울 것으로 예상됩니다. |

08

09

| | |
|---|---|
| 게으르다<br>[게으르다] | 형 lazy / 怠ける / 懒<br>반 부지런하다<br><br>• 그 사람은 너무 게을러서 청소를 자주 하지 않는다.<br>• 엄마가 아무것도 하지 않고 잠만 자는 게으른 아들에게 화를 냈다. |
| 행복하다<br>[행보카다] | 형 happy / 幸せだ / 幸福<br>관 불행하다<br><br>• 가족과 함께 행복하게 살고 싶다.<br>• 남자에게 꽃을 선물 받은 여자가 행복해 보인다. |
| 깎다<br>[깍따] | 동 cut / (りんごを) むく, 削る / 削<br>• 사과를 칼로 깎을 때는 다치지 않도록 조심하십시오.<br>• 연필을 깎으려고 하는데 칼 좀 빌려 주십시오. |
| 닫히다<br>[다치다] | 동 be closed / 閉まる / 被关上<br>반 열리다<br><br>• 문이 닫혀 있어서 들어가지 못하고 있다.<br>• 지금은 5시니까 은행 문이 닫혔을 거예요. |
| 들다<sup>01</sup><br>[들다] | 동 take, to cost / 大変だ, (お金が) かかる / 费<br>…이/가 들다<br><br>• 짐이 너무 많아서 이사를 할 때 힘이 들었다.<br>• 외국에서 공부를 하려면 돈이 많이 든다. |
| 떨리다<br>[떨리다] | 동 get nervous / 震える / 发抖, 紧张<br>• 많은 사람 앞에서 노래를 부르려고 하니까 떨린다.<br>• 곧 시험이어서 긴장되고 너무 떨린다. |
| 섞다<br>[석따] | 동 mix / 混ぜる / 混合<br>• 노란색과 파란색을 섞으면 초록색이 된다.<br>• 한국 사람, 일본 사람, 중국 사람을 섞어서 한 팀을 만들었다. |
| 쌓이다<br>[싸이다] | 동 be piled up, be stressed out / 積もる / 被堆, 堆积<br>…이/가 쌓이다 |

• 눈이 쌓여서 길이 많이 미끄럽다.

• 회사에 일이 많아서 스트레스가 쌓인다.

**입히다**
[이피다]

동 put someone's clothes / 着せる / 让穿

반 벗기다

• 엄마가 아이에게 옷을 입힌다.

• 어렸을 때 인형에게 여러 가지 옷을 입히면서 놀았다.

**태우다**[01]
[태우다]

동 give a ride / 乗せる / 使…乘坐

• 윤오 씨가 차에 태워 주겠다고 했지만 나는 지하철을 타고 집에 왔다.

• 가시는 곳까지 태워 드릴까요?

TOPIK  추천 어휘

**사이**
[사이]

명 between / 間 / 之间

• 보통 회사원들은 12시에서 1시 사이에 점심을 먹는다.

• 내가 잠을 자는 사이에 친구가 우리 집에 왔다 갔다.

**잠깐**
[잠깐]

명 short time / 暫く, ちょっと / 一会儿, 暂时

• 잠깐이면 되니까 여기에서 조금만 기다려 주십시오.

• 잠깐 쉬고 다시 시작합시다.

**최고**
[최고]

명 the highest / 最高 / 最高

반 최저

• 낮 최고 기온은 20도이고 아침 최저 기온은 5도입니다.

• 내가 이번 시험에서 최고로 높은 점수를 받아서 부모님께서 좋아하셨다.

**추천**
[추천]

명 recommendation / 推薦 / 推荐

추천하다
…을 받다

• 교수님의 추천을 받아서 이 회사에 오게 되었습니다.

• 책을 읽고 싶은데 재미있는 책이 있으면 추천해 주십시오.

08

09

| 한가하다 | 형 free / 暇だ / 空閑 |
|---|---|
| [한가하다] | • 바쁜 일이 끝나서 요즘 한가하니까 한번 만납시다. |
| | • 주말에는 좀 바쁜데 평일 오전에는 좀 한가한 편이에요. |

| 녹다 | 동 melt / 解ける / 溶化, 融化 |
|---|---|
| [녹따] | …이/가 녹다 |
| | 반 얼다 |
| | • 날씨가 따뜻해서 눈이 금방 녹았어요. |
| | • 아이스크림이 녹지 않게 냉장고에 넣으세요. |

| 다녀오다 | 동 get back / 行ってくる / 回来 |
|---|---|
| [다녀오다] | • 엄마, 학교 다녀오겠습니다. |
| | • 해외여행을 다녀오면서 친구에게 줄 선물을 샀다. |

| 올라가다 | 동 go up / 上がる / 上涨, 升高 |
|---|---|
| [올라가다] | 반 내려가다 |
| | • 과일값이 계속 올라가서 걱정이에요. |
| | • 내일부터 기온이 올라가서 따뜻해지겠습니다. |

| 전부 | 부 all / 全部 / 全部 |
|---|---|
| [전부] | 유 모두 |
| | • 여기 있는 분들은 전부 이쪽으로 오십시오. |
| | • 나는 까만 색을 좋아해서 옷장 안에 전부 까만 옷밖에 없습니다. |

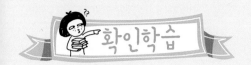

※ [1-2] 다음 빈칸에 공통으로 들어갈 단어를 〈보기〉에서 골라 '기본형'으로 쓰십시오.

> 보기
> 들다          입히다          깎다          쌓이다

**1**  힘이 (          ) 것 같은데 조금 쉬었다가 하는 게 어때요?
　  모르는 단어가 많아서 숙제를 할 때 시간이 많이 (          ).
　  이번 여행에 생각보다 돈이 (          ).

　　　　　　　　　　　　　　＿＿＿＿＿＿＿＿＿＿

**2**  동대문 시장에서 3만 원짜리 치마를 (          ) 2만 5천원에 샀다.
　  과일은 (          ) 먹는 것보다 그냥 먹는 것이 건강에 더 좋다고 한다.

　　　　　　　　　　　　　　＿＿＿＿＿＿＿＿＿＿

※ [3-7] 다음 빈칸에 들어갈 단어를 〈보기〉에서 골라 알맞게 쓰십시오.

> 보기
> 닫히다      추천하다      올라가다      게으르다      태우다

**3**  바람이 세게 불어서 창문이 ＿＿＿＿＿＿ -았/었다.

**4**  오늘 오후에는 기온이 20도까지 ＿＿＿＿＿＿ -(으)ㄴ/는/(으)ㄹ 것이라고 들었다.

**5**  집에 가는 길에 저를 지하철역까지 차로 ＿＿＿＿＿＿ -아/어 주실 수 있어요?

**6**  내가 학교에 다녀올 때까지 ＿＿＿＿＿＿ -(으)ㄴ/는 내 동생은 집에서 잠만 자고 있었다.

**7**  제가 여행을 가려고 하는데 좋은 호텔을 좀 ＿＿＿＿＿＿ -아/어 주시겠습니까?

※ [8-9] 다음 밑줄 친 단어의 반대말을 쓰십시오.

**8**  제가 요즘 회사일로 <u>바쁘니까</u> 다음에 만납시다.　　　(　　　　　)

**9**  엄마가 아이의 옷을 <u>벗기고</u> 있다.　　　　　　　　　(　　　　　)

Day 09

| 수리 | ☐ | 입히다 | ☐ | 들다 | ☐ | 깎다 | ☐ | 떨리다 | ☐ |
| 게으르다 | ☐ | 닫히다 | ☐ | 모양 | ☐ | 태우다 | ☐ | 전부 | ☐ |
| 한가하다 | ☐ | 추천 | ☐ | 올라가다 | ☐ | 사이 | ☐ | 최고 | ☐ |

## TOPIK 빈출 어휘

**고객**
[고객]

명 customer / お客 / 顾客
- 그 매장에는 물건을 사려는 고객이 많아서 언제나 복잡하다.
- 이곳은 백화점 고객을 위한 주차장이다.

**만약**
[마냑]

명 if / もし / 如果, 万一

만약(에) …(으)면
- 만약 내가 유명한 사람이라면 외출할 때마다 힘들 것 같다.
- 만약에 사용하시다가 불편한 점이 있으면 가지고 오십시오.

**체험**
[체험]

명 experience / 体験 / 体验
- 이번 문화 체험을 통해 한국 문화의 특징을 조금 알게 되었다.
- 신상품을 체험해 보고 살 수 있으면 좋겠습니다.

**평소**
[평소]

명 usual day / 普段 / 平常, 平时
- 오늘은 평소보다 고속도로에 차가 많네요.
- 미영 씨는 평소에 말이 별로 없는 편이다.

**그만두다**
[그만두다]

동 quit / 辞める / 辞去

• 윤오는 최근 다니던 회사를 그만두고 다른 회사를 찾고 있다.

• 공부를 하기 위해서 아르바이트를 그만두었다.

**낫다**[01]
[낟따]

동 recover / 治る / 康复

• 빨리 나으려면 이 약을 드세요.

• 감기 때문에 많이 아팠는데 주말에 쉬었더니 금방 나았다.

**얻다**
[얻따]

동 get / 貰う / 得到

• 언니가 화장품 사는데 같이 갔다가 거울을 하나 얻었다.

• 고향으로 돌아가는 미영 씨한테서 얻은 책상이다.

TOPIK 중요 어휘

**개인적**
[개인적]

명 personal / 個人的 / 私人

• 개인적인 일로 고향에 다녀왔다.

• 윤오 씨와 미영 씨는 개인적으로 아는 사이이다.

**꿈**
[꿈]

명 dream / 夢 / 梦想

• 어렸을 때 나의 꿈은 의사가 되는 것이었다.

• 꿈이 있는 사람은 행복한 사람이다.

**제목**
[제목]

명 title / 題目 / 题目

• 며칠 전에 읽은 책의 제목을 잊어버려서 인터넷에서 찾아보았다.

• 선생님께서 추천해 주신 책의 제목은 '소나기'이다.

**전세**
[전세]

명 lease / 支付一定数额的押金, 不需要支付月租的租房方式

관 월세

• 한국에 와서 전세를 살고 있는데 매달 돈이 들지 않아서 편하다.

• 한국은 집값이 비싸서 자기 집에서 사는 사람보다 전세를 사는 사람이 더 많다.

09

10

| | |
|---|---|
| **추위**<br>[추위] | 몡 (the) cold / 寒さ / 寒冷<br>반 더위<br><br>• 이번 추위는 모레까지 계속되니까 따뜻한 옷을 입으십시오.<br>• 일기 예보에서 다음 주부터 겨울 추위가 시작된다고 했다. |
| **담그다<sup>01</sup>**<br>[담그다] | 동 soak in / つける / 泡<br>• 이불을 세탁기에 넣기 전에 물에 담가 놓으십시오.<br>• 과일을 물에 30분 이상 담가 놓으면 단맛이 없어진다. |
| **돌아다니다**<br>[도라다니다] | 동 go around / 歩き回る / 转来转去<br>• 오늘은 조금 한가해서 서울 이곳저곳을 돌아다니면서 구경했다.<br>• 하루 종일 명동을 돌아다녔더니 다리가 아프다. |
| **들다<sup>02</sup>**<br>[들다] | 동 get old / (年を)取る / 上年纪, 上岁数<br>…이/가 들다<br><br>• 나이가 들면 들수록 흰머리가 많아진다.<br>• 어머니께서는 나이가 드니까 전통문화에 대한 관심이 많아진다고 하신다. |
| **떠들다**<br>[떠들다] | 동 chat (away) / 騒ぐ / 喧哗, 吵闹<br>• 선생님께서 나가시자마자 학생들이 떠들기 시작했다.<br>• 도서관에서 옆 사람이 떠들어서 조금 조용히 해 달라고 했다. |
| **떨다**<br>[떨다] | 동 tremble / 震える / 发抖<br>• 말하기 발표 시험 때 너무 떨어서 목소리까지 떨렸다.<br>• 친구가 늦게 와서 밖에서 한 시간이나 추위에 떨었다. |
| **멈추다**<br>[멈추다] | 동 stop / 止める / 停住<br>• 엘리베이터가 고장 나서 갑자기 멈췄다.<br>• 내 옆에 가던 자동차가 갑자기 멈추더니 길을 물어보았다. |
| **볶다**<br>[복따] | 동 fry / 炒める / 炒<br>• 밥과 김치를 함께 볶으면 김치볶음밥이 된다.<br>• 기름에 볶은 음식을 먹으면 살이 많이 찔 수도 있다. |

| 옮기다 [옴기다] | 통 move / 移る / 搬 |
|---|---|
| | • 친구가 이사를 해서 이삿짐을 옮기는 것을 도와주었다. |
| | • 이번에 윤오 씨는 도시에 있는 큰 회사로 직장을 옮겼다고 한다. |

| 익히다 [이키다] | 통 cook / 煮る / 熟 |
|---|---|
| | • 여름에는 음식을 익혀서 먹는 것이 좋다. |
| | • 돼지고기는 잘 익혀서 먹어야 한다. |

| 줄다 [줄다] | 통 decrease (lose weight, become smaller) / 減る / 減少, 減轻 |
|---|---|
| | …이/가 줄다 |
| | 반 늘다 |
| | 관 감소하다 |
| | • 몇 주 동안 다이어트를 해서 몸무게가 많이 줄었다. |
| | • 이 옷을 뜨거운 물로 세탁했더니 옷이 많이 줄어서 입을 수가 없다. |

## TOPIK 추천 어휘

| 문병 [문병] | 명 visiting someone who is sick / 病気見舞い / 探病 |
|---|---|
| | …을 가다 / 오다 |
| | • 교통사고로 병원에 입원한 친구에게 문병을 갔다. |
| | • 내가 많이 아프다고 했더니 친구가 집으로 문병을 왔다. |

| 수입 [수입] | 명 import / 輸入 / 进口 |
|---|---|
| | 수입하다 / 수입되다 |
| | 반 수출 / 수출하다 |
| | • 요즘 사람들은 해외에서 수입한 자동차를 많이 탄다. |
| | • 우리나라는 석유가 없기 때문에 모두 외국에서 수입을 해서 사용한다. |

| 위치 [위치] | 명 place / 位置 / 位置 |
|---|---|
| | • 그 매장이 어디에 있는지 위치를 좀 가르쳐 주십시오. |
| | • 내 방 침대의 위치를 창문 쪽으로 옮겼다. |

09

10

| 내려가다 | 통 fall down / 下がる / 下降 |
|---|---|
| [내려가다] | 반 올라가다 |

• 경제가 좋아져서 물건값이 많이 내려갔다.
• 아침과 저녁에는 기온이 많이 내려가니까 따뜻하게 입으십시오.

| 붓다 | 통 swell up / 腫れる / 肿了 |
|---|---|
| [붇따] | …이/가 붓다 |

• 자기 전에 많이 울어서 아침에 눈이 부었다.
• 아르바이트를 하느라고 오랫동안 서 있어서 그런지 발이 많이 부었다.

| 빗다 | 통 comb / (髪を)すく / 梳 |
|---|---|
| [빋따] | |

• 아침에 일어나서 머리를 빗으로 잘 빗었다.
• 머리를 빗으려고 빗을 찾았지만 없어서 그냥 출근했다.

| 졸다 | 통 nod / 居眠りする / 打盹 |
|---|---|
| [졸다] | |

• 출퇴근 시간에는 지하철에서 조는 사람이 많다.
• 어제 늦게까지 영화를 봤더니 피곤해서 오늘 회의를 하다가 졸았다.

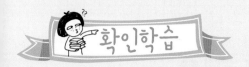

※ [1~4] 다음 빈칸에 들어갈 단어를 〈보기〉에서 골라 알맞게 쓰십시오.

| 그만두다 | 낫다 | 붓다 | 얻다 | 떠들다 | 졸다 |
|---|---|---|---|---|---|

1  미영이는 회사를 _____ -고 해외로 떠났다.

2  너무 아팠는데 이 약을 먹었더니 금방 _____ -았/었다.

3  이웃에 사는 형에게서 쓸 만한 자전거를 _____ -았/었다.

4  수업 시간에 친구와 _____ -아/어서 선생님께서 조용히 하라고 하셨다.

※ [5~7] 다음 빈칸에 들어갈 단어를 〈보기〉에서 골라 알맞게 쓰십시오.

보기

| 체험 | 평소 | 만약 | 고객 | 문병 |
|---|---|---|---|---|

5  요즘 백화점에 _____ -이/가 많아졌다.

6  _____ 에 열심히 공부해야 시험에 붙을 수 있다.

7  친구가 입원했다고 해서 병원으로 _____ -을/를 갔다.

※ [8-9] 다음 밑줄 친 단어의 반대말을 쓰십시오.

8  몇 달 동안 계속 고객의 수가 늘어서 사장님이 늘 웃고 있다.  (              )

9  봄이 되어서 그런지 아침 기온도 많이 올라가서 따뜻하다.    (              )

✳ [1~3] 다음 (            ) 안에 알맞은 것을 고르십시오.

01  요즘 한국어를 배우고 있는데 우리 반에는 (            ) 국적의 학생들이 모여 있다.
　　① 유명한　　　② 한가한　　　③ 다양한　　　④ 답답한

02  알고 싶은 것을 찾을 때 인터넷을 사용하면 쉽게 찾을 수 있어서 (            ).
　　① 그립다　　　② 편리하다　　　③ 익숙하다　　　④ 불편하다

03  외국어를 공부할 때 단어를 (            ) 것이 가장 어렵다고 한다.
　　① 외우는　　　② 이기는　　　③ 달라지는　　　④ 마르는

✳ [4~6] 다음 밑줄 친 부분과 의미가 비슷한 것을 고르십시오.

04  한국에서 운전면허 시험은 19세 이상 성인이 되어야 볼 수 있다.
　　① 유행　　　② 어른　　　③ 승객　　　④ 노인

05  나는 자기 전에 우유를 한 잔 마시는 습관이 있다.
　　① 장점　　　② 도움　　　③ 경험　　　④ 버릇

06  금방 미영 씨와 이야기한 사람 봤어요? 영화배우 강동원 씨를 닮았어요.
　　① 대신　　　② 방금　　　③ 아주　　　④ 바로

✳ 다음 (            ) 안에 공통적으로 들어갈 동사를 고르십시오.

07
> • 이번 달에는 쇼핑하느라 돈을 많이 썼더니 용돈이 별로 (            ) 않았다.
> • 6시에 만나기로 했는데 일찍 도착해서 시간이 많이 (            ).
> • 과 선후배와의 여행은 나의 대학 생활에서 가장 기억에 (            ) 일이다.

　　① 걸다　　　② 들다　　　③ 남다　　　④ 나다

✳ [8~9] 다음 글을 읽고 알맞은 답을 고르십시오.

> 　2012년 나는 한국 대학교 입학 시험에 ( 　㉠　 ) 3월에 ( 　㉡　 ). 대학교에서는 선배들과 만나는 일도 많았다. 선배들 중에서 미영 선배가 가장 무서운 것 같았다. 하지만 선배와 자주 이야기해 보니까 선배는 좋은 사람이었다. 선배의 집은 우리 집과 ㉢멀지만 나는 심심할 때마다 미영 선배와 연락하고 자주 만났다.

08　㉠과 ㉡에 들어갈 말을 바르게 쓴 것을 고르십시오.

① ㉠ 모여서　　　㉡ 입학했다　　② ㉠ 붙어서　　　㉡ 입학했다

③ ㉠ 붙어서　　　㉡ 모였다　　　④ ㉠ 입학해서　　㉡ 붙었다

09　㉢과 반대되는 말을 고르십시오.

① 심심하지만　　② 좁지만　　③ 가깝지만　　④ 가볍지만

✳ [10~11] 다음 글을 읽고 알맞은 답을 고르십시오.

> 　최근 한국을 찾는 외국인들이 점점 많아지고 있다. 한국에 여행 온 외국인의 수는 2010년에는 2,600명이었지만 2011년에는 4,100명 이상이었다고 한다. 그래서 외국인들이 많이 가는 명동의 ( 　㉠　 )에는 외국어를 할 줄 아는 직원들이 많아지고 일본어나 중국어로 매장을 광고하는 일도 많이 있다. 그래서 그런지 명동에 가면 외국에 온 것 같았다. 명동과 같은 곳도 좋지만 한국의 아름다운 전통문화를 직접 보고 느낄 수 있는 문화 ( 　㉡　 ) 프로그램도 많이 생기면 좋을 것 같다.

10　㉠에 들어갈 말로 어울리지 않는 것을 고르십시오.

① 매장　　② 상점　　③ 백화점　　④ 장점

11　㉡에 들어갈 말로 알맞은 것을 고르십시오.

① 안내문　　② 체험　　③ 휴식　　④ 수입

# 11~20일

## 어휘

Day

✔ 9일 단어 체크

| | | | |
|---|---|---|---|
| 들다 ☐ | 평소 ☐ | 만약 ☐ | 낮다 ☐ | 줄다 ☐ |
| 그만두다 ☐ | 떠들다 ☐ | 추위 ☐ | 옮기다 ☐ | 멈추다 ☐ |
| 내려가다 ☐ | 문병 ☐ | 수입 ☐ | 위치 ☐ | 개인적 ☐ |

TOPIK 필수 어휘

**가능**
[가능]

명 possibility / 可能 / 可能

가능하다

반 불가능 / 불가능하다

• 우리 회사에서는 일본어가 가능한 사람을 찾고 있습니다.

• 가능하면 오후에 발표 준비를 좀 도와줄 수 있으십니까?

**공사**
[공사]

명 construction / 工事 / 工程

공사하다

• 12월 5일부터 12월 10일까지 건물 공사를 하기 때문에 가게의 문을 열지 않습니다.

• 지금 공사 중이니 다른 길로 가십시오.

**비교**
[비교]

명 comparison / 比較 / 比較

비교하다 / 비교되다

• 한국과 일본의 경제에 대해 비교해서 발표했다.

• 지난번에 살던 집과 지금 집을 비교하면 지금 집이 경치가 더 좋다.

| 믿다 [믿따] | 동 believe / 信じる / 相信 |
| | •그 친구는 거짓말을 자주 해서 믿을 수가 없다. |
| | •자신을 믿고 끝까지 노력하면 무슨 일이든지 할 수 있다. |

| 다 [다] | 부 all / 全部 / 全都 |
| | •식사가 다 끝났으면 빨리 출발하세요. |
| | •월급을 받자마자 노트북을 사느라고 다 썼다. |

## TOPIK 중요 어휘

| 기쁨 [기쁨] | 명 pleasure / 喜び / 高兴, 喜悦 |
| | 반 슬픔 |
| | •아이가 크는 것을 보는 것이 어머니의 가장 큰 기쁨이다. |
| | •유학 생활에서 나의 가장 큰 기쁨은 친구들과 모여서 이야기하는 것이다. |

| 능력 [능녁] | 명 ability / 能力 / 能力 |
| | •미영이는 전화번호를 빨리 외우는 능력이 있다. |
| | •윤오 씨는 나이가 어리지만 그 일을 할 능력이 있다. |

| 맞벌이 [맏뻐리] | 명 double-income / 共働き / 双职工 |
| | •요즘 남편뿐만 아니라 아내도 일을 하는 맞벌이 부부가 많아지고 있다. |
| | •우리 부모님께서는 맞벌이를 하셔서 항상 바쁘시다. |

| 수집 [수집] | 명 collection / 収集 / 收集 |
| | 수집하다 |
| | •내 취미는 우표 수집이다. |
| | •보고서를 쓰기 위해서 도서관에 가서 신문 기사를 수집했다. |

| 엊그제 [얻끄제] | 명 couple of days ago / 数日前 / 前几天 |
| | •엊그제까지는 춥더니 어제부터는 좀 따뜻하다. |
| | •한국에 온 게 엊그제 같은데 벌써 1년이 되었다. |

| 장학금 [장학끔] | 명 scholarship / 奨学金 / 奖学金 |
|---|---|

- 미영 씨는 4년 동안 서울시에서 주는 장학금을 받으면서 공부를 했다.
- 이번 학기에는 열심히 공부해서 꼭 장학금을 받을 것이다.

| 조사 [조사] | 명 survey / 調査 / 调查 |
|---|---|

조사하다 / 조사되다

- 회사에서 고객 100명에게 신제품에 대한 조사를 했다.
- 제주도가 외국인이 가장 가고 싶어 하는 여행지로 조사되었다.

| 심하다 [심하다] | 형 severe / ひどい / 严重 |
|---|---|

- 감기가 심해서 목소리가 이상하다.
- 우산을 썼지만 비가 심하게 와서 옷이 다 젖었다.

| 어색하다 [어새카다] | 형 awkward / 気まずい / 別扭 |
|---|---|

- 그 사람과 처음 만났을 때는 할 말이 없어서 어색했는데 친해지니까 이제는 편하다.
- 그 친구와는 오랜만에 만났지만 엊그제 만난 것처럼 전혀 어색하지 않았다.

| 훌륭하다 [훌륭하다] | 형 great / 立派だ / 出色的, 优秀的 |
|---|---|

- 한글을 만든 세종대왕은 조선 시대의 훌륭한 왕이다.
- 어려운 이웃에게 도움을 주는 훌륭한 사람이 되고 싶다.

| 끓이다 [끄리다] | 동 boil / 沸かす / 烧开 |
|---|---|

- 커피를 마시려고 물을 끓이고 있다.
- 오늘은 좀 피곤한데 저녁에 그냥 라면이나 끓여 먹을까요?

| 나다⁰¹ [나다] | 동 remember / 出る / 想起来 |
|---|---|

…이/가 나다

- 이 영화를 보니까 남자 배우와 닮은 내 친구가 생각이 난다.
- 차를 어디에 주차를 했는지 기억이 나지 않는다.

| 담그다⁰² [담그다] | 동 make Kimchi / 漬ける / 腌渍 |
|---|---|

- 올해는 김치를 사 먹지 않고 직접 담가 먹기로 했다.
- 한국 친구한테서 김치 담그는 것을 배웠다.

**마치다**
[마치다]

동 finish / 終える / 结束
- 결혼식을 마치고 나서 신혼여행을 떠났다.
- 회의를 마친 후에 회의에서 이야기한 내용을 보고서로 썼다.

**시키다**
[시키다]

동 order / させる / 叫, 点(菜)
- 어머니가 가게에서 과일을 사 오라고 시키셨다.
- 1시간 전에 시킨 점심이 아직도 오지 않았다.

**알리다**
[알리다]

동 inform / 知らせる / 告知
- 연락처 좀 알려 주시면 전화 드리겠습니다.
- 대학 합격 소식을 부모님께 제일 먼저 알려 드렸다.

TOPIK 추천 어휘

**결과**
[결과]

명 result / 結果 / 结果
- 이번 시험 결과는 언제 알 수 있나요?
- 경찰이 이번 일에 대해 조사한 결과를 내일 발표할 것이다.

**부탁**
[부탁]

명 request / 頼み / 嘱托

부탁하다
- 친구에게 고향에 소포를 보내 달라고 부탁했다.
- 제가 지금 좀 바빠서 그러는데 부탁 하나 해도 될까요?

**비밀**
[비밀]

명 secret / 秘密 / 秘密
- 제 비밀을 다른 사람한테 말하지 마십시오.
- 두 사람이 사귀는 것을 비밀로 하기로 했다.

| 예절<br>[예절] | 명 manners / 礼儀 / 礼节<br>• 공연을 볼 때는 휴대 전화를 끄는 것이 기본예절이다.<br>• 나라마다 식사 예절이 다르다. |

| 정도<br>[정도] | 명 approximately, degree / くらい, ほど / 程度<br>• 집에서 학교까지 걸어서 10분 정도 걸린다.<br>• 매일 먹을 정도로 자장면을 좋아한다. |

| 달리다<br>[달리다] | 동 run / 走る / 跑<br>• 윤오는 100M를 13초에 달린다.<br>• 아침에는 달리는 것보다 걷는 것이 건강에 더 좋다. |

| 자세하다<br>[자세하다] | 형 detailed / 詳しい / 详细<br>• 이 사전은 단어에 대한 설명이 자세하다.<br>• 약도를 자세하게 그려서 길을 찾기가 쉬웠다. |

| 자세히<br>[자세히] | 부 in detail / 詳しく / 仔细地<br>• 이해하기가 힘드니까 간단하게 말하지 말고 조금 더 자세히 설명해 주십시오.<br>• 이 책을 읽고 느낀 점을 자세히 써 오십시오. |

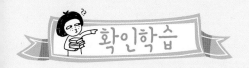

※ [1~2] 다음 그림을 보고 그림과 관계있는 단어를 〈보기〉에서 고르십시오.

보기

| 기쁨 | 달리다 | 공사 | 결과 | 장학금 | 마르다 |

**1**

(             )

**2**

(             )

※ [3~5] 다음 빈칸에 공통으로 들어갈 단어를 〈보기〉에서 골라 '기본형'으로 쓰십시오.

보기

| 쓰다 | 시키다 | 나다 | 치다 | 다양하다 | 담그다 |

**3**  집에 밥이 없어서 피자를 (          ) 먹었다.
 사장님께서 (          ) 일을 다 못했다.

_____

**4**  이 사진을 보니까 여행 갔을 때의 생각이 (          ).
 친구가 늦게 와서 화가 (          ).

_____

**5**  물에 (          ) 놓은 그릇을 빨리 설거지를 해라.
 한국에서는 전통적으로 겨울에 김치를 (          ) 먹는다.

_____

※ [6~8] 다음 밑줄 친 부분이 맞으면 ○, 틀리면 바르게 고치십시오.

**6**  미영이가 라면이 끓이면 먹으라고 했다.       (          )

**7**  수업을 시작한 지 엊그제 같은데 벌써 끝날 때가 다 되었다.     (          )

**8**  윤오 씨와는 자세해서 같이 있으면 불편하다.       (          )

Day
1 2

TOPIK 필수 어휘

| | |
|---|---|
| **대중**<br>[대중] | 명 (the) public / 大衆 / 大众<br>• 출퇴근 시간에는 대중교통을 이용하는 것이 좋다.<br>• 유행어는 대중들에게 인기가 많은 말이다. |
| **일정**<br>[일쩡] | 명 schedule / 日程 / 日程<br>• 이번 여행 일정은 안내문으로 알려 드리겠습니다.<br>• 다음 학기 일정은 홈페이지에서 확인할 수 있습니다. |
| **지역**<br>[지역] | 명 area / 地域 / 地区<br>• 이곳은 산이 많은 지역이다.<br>• 서울·경기 지역은 오전에는 맑다가 오후부터는 비가 내리겠습니다. |
| **차이**<br>[차이] | 명 difference / 違い / 差异<br>• 동양 문화와 서양 문화의 가장 큰 차이는 무엇입니까?<br>• 한국 문화와 중국 문화는 비슷한 점도 많지만 차이점도 많다. |
| **포기**<br>[포기] | 명 giving up / 放棄 / 放弃<br>포기하다 |

- 공부가 조금 어렵더라도 포기하지 말고 열심히 노력하십시오.
- 조금 더 노력하면 성공할 수 있으니까 지금 포기하면 안 됩니다.

**낫다**
[낟따]

혤 **better** (than) / (他のものより) 勝る、よい / 比…好
- 나는 지금보다 조금 더 나은 회사로 옮기고 싶어서 열심히 공부하고 있다.
- 아까 입어 본 옷이 지금 입은 옷보다 더 나으니까 그걸로 사는 게 어때?

**변하다**
[변하다]

동 **change** / 変る / 変
- 나이가 들수록 사람들은 성격뿐만 아니라 식습관도 많이 변한다.
- 30년 전에 비해서 서울은 많이 변했다.

12

13

**가능성**
[가능썽]

명 **possibility** / 可能性 / 可能性
- 그 일은 성공하기보다는 실패할 가능성이 높다.
- 나는 처음부터 가능성이 없는 일은 시작도 하지 않는다.

**규칙적**
[규칙쩍]

명 **regular** / 規則的 / 有規則
반 불규칙적
- 건강을 위해서는 매일 일찍 자고 일찍 일어나는 규칙적인 생활을 해야 한다.
- 대부분의 사람들은 하루에 세 번씩 식사 후에 규칙적으로 이를 닦는다.

**더위**
[더위]

명 **the heat** / 熱さ / 暑热
…를 먹다
반 추위
- 계속되는 더위에 바다를 찾는 사람들이 많아지고 있다.
- 더운 여름에 하루 종일 운동장에 서 있었더니 더위를 먹은 것처럼 머리가 아프다.

**목적**
[목쩍]

명 **purpose** / 目的 / 目的
- 대학에 입학할 목적으로 한국에 유학을 왔다.
- 이번 여행의 목적은 한국 문화를 체험하는 데 있다.

| | |
|---|---|
| **사원**<br>[사원] | 몡 **employee** / 社員 / 职员<br>• 여기는 우리 회사 사원들이 모여서 회의를 하는 곳이다.<br>• 우리 회사는 사원들을 위해서 층마다 휴게실을 만들었다. |
| **수준**<br>[수준] | 몡 **level** / 水準 / 水准<br>• 10년 전에 비해서 생활 수준이 많이 좋아졌다.<br>• 그 사람은 말하기는 중급 수준인데 쓰기는 초급 수준이다. |
| **실망**<br>[실망] | 몡 **disappointment** / 失望 / 失望<br>실망하다<br><br>• 대학교 입학시험에 붙었을 거라고 생각했는데 합격하지 못해서 실망했다.<br>• 그 사람이 거짓말을 한 것을 알게 되어서 많이 실망했다. |
| **왕복**<br>[왕복] | 몡 **round-trip** / 往復 / 往返<br>왕복하다<br>꽌 편도<br><br>• 서울에서 부산까지 왕복하는 데 드는 기차 요금은 10만 원이다.<br>• 한국에서 고향까지 왕복 몇 시간이 걸립니까? |
| **존경**<br>[존경] | 몡 **respect** / 尊敬 / 尊敬<br>존경하다<br>…을 받다<br><br>• 내가 가장 존경하는 인물은 부모님이다.<br>• 대통령은 그 나라에서 가장 존경을 받는 사람이 되어야 한다. |
| **직접**<br>[직쩝] | 몡 뷔 **in person** / 直接 / 直接<br>꽌 간접<br><br>• 책으로 읽는 것보다 자신이 직접 체험해 보는 것이 오래 기억에 남는다.<br>• 어려운 일은 직접 만나서 부탁하는 것이 더 좋다. |
| **깨다**[01]<br>[깨다] | 됭 **wake** / 覚める / 醒<br>• 너무 피곤해서 잠깐 자다가 전화벨 소리에 잠에서 깼다.<br>• 아기가 잠이 깨서 울기 시작했다. |

| 꺼지다 | 동 **go out** / 消える / 关 |
|---|---|
| [꺼지다] | …이/가 꺼지다 |
| | 반 켜지다 |

- 정전이 되어서 갑자기 사무실에 불이 꺼졌다.
- 배터리가 없어서 통화 중에 전화가 꺼졌다.

| 두다 | 동 **put** / 置く / 放 |
|---|---|
| [두다] | …을/를 …에 두다 |

- 책상 위에 두었던 책 못 봤어요? 제가 읽던 책인데 없어졌네요.
- 손님이 오시면 더울까 봐 미리 에어컨을 켜 두었어요.

| 말리다 | 동 **dry** / 乾かす/ 干 |
|---|---|
| [말리다] | |

- 빨래를 한 후에 옷을 잘 말려서 입지 않으면 안 됩니다.
- 머리를 말리지 않고 밖에 나갔다가 감기에 걸렸다.

| 묶다 | 동 **tie** / 縛る / 扎 |
|---|---|
| [묵따] | |

- 머리가 길어서 더워 보이는데 좀 묶지 그래요?
- 뛰기 전에 신발 끈을 잘 묶었다.

## TOPIK 추천 어휘

| 구분 | 명 **classification** / 区分け, 仕分け / 区分 |
|---|---|
| [구분] | 구분하다 / 구분되다 |

- 우리 반 학생들을 남자와 여자로 구분해서 팀을 만들었다.
- 회사에서는 회사 일과 개인적인 일을 구분해서 해야 한다.

| 대답 | 명 **answer** / 答, 返事 / 回答 |
|---|---|
| [대답] | 대답하다 |

- 친구에게 왜 늦었느냐고 물어봤지만 대답이 없었다.
- 모르는 것을 질문했더니 선생님께서 자세히 대답해 주셨다.

| | |
|---|---|
| **수출**<br>[수출] | 명 **export** / 輸出 / 出口<br>수출하다 / 수출되다<br>반 수입 / 수입하다<br><br>• 요즘 자동차 수출이 조금씩 늘고 있다.<br>• 우리 회사의 신제품을 일본으로 수출하게 되었다. |
| **웃어른**<br>[우더른] | 명 **elders** / 目上の人 / 长辈<br>• 한국에서는 새해가 되면 웃어른께 세배를 한다.<br>• 한국에서는 웃어른에게 높임말을 사용해야 한다. |
| **자리**<br>[자리] | 명 **seat** / 席, 場所, 跡 / 座位, 地方<br>• 출근 시간 지하철에는 자리가 없어서 늘 서서 다닌다.<br>• 이곳은 예전에 학교가 있던 자리이다. |
| **적응**<br>[저긍] | 명 **adaptation** / 適応 / 适应<br>적응하다 / 적응되다<br>…에 적응하다<br><br>• 한국에 온 지 6개월이 되었는데 한국 생활에 적응하기가 너무 힘들다.<br>• 갑자기 변한 친구의 모습에 적응하기가 힘들다. |
| **포함**<br>[포함] | 명 **inclusion** / 含み / 包括<br>포함하다 / 포함되다<br><br>• 그 식당은 세금이 포함되어 있어서 음식값이 좀 비싼 편이다.<br>• 이번 모임에는 나를 포함해서 10명의 친구들이 모였다. |
| **따로**<br>[따로] | 부 **separately** / 離れて, 別に / 不一块儿<br>• 나는 대학교 때부터 가족과 따로 살았다.<br>• 친구와 영화를 보러 갔는데 자리가 없어서 따로 앉았다. |

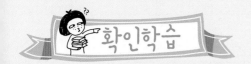

✻ [1~3] 다음 설명에 알맞은 단어를 〈보기〉에서 찾아 쓰십시오.

| 보기 | | | |
|---|---|---|---|
| 사원 | 웃어른 | 왕복 | 차이 |

**1** 갔다가 돌아오는 일                             (            )

**2** 서로 같지 않고 다른 것                      (            )

**3** 나보다 나이가 많은 할아버지나 회사의 사장님 등    (            )

✻ 다음 빈칸에 공통으로 들어갈 단어를 〈보기〉에서 골라 '기본형'으로 쓰십시오.

| 보기 | | | |
|---|---|---|---|
| 들다 | 낫다 | 남다 | 쓰다 |

**4** 나는 말하기에 비해서 쓰기를 잘해서 쓰기 점수가 좀 더 (              ).

     감기 때문에 너무 아팠는데 이 약을 먹었더니 금방 (            ).

                                                                      _____

✻ [5~8] 다음 빈칸에 들어갈 단어를 〈보기〉에서 골라 알맞게 쓰십시오.

| 보기 | | | | | |
|---|---|---|---|---|---|
| 대중 | 따로 | 일정 | 변하다 | 규칙적 | 실망하다 |

**5** 개강하는 날, 선생님께서는 이번 학기 수업 _____ -에 대해 설명해 주셨다.

**6** 우리 할아버지는 건강을 위해서 _____ -(으)로 운동을 하신다.

**7** 한국 식당에서는 밥과 반찬이 _____ 나오지 않고 한꺼번에 나온다.

**8** 시험에 붙었을 거라고 생각했는데 합격하지 못해서 정말 _____ -았/었다.

✻ [9~10] 다음 밑줄 친 단어의 반대말을 쓰십시오.

**9** 한국 사람이 가장 많이 하는 질문은 무엇입니까?     (            )

**10** 일본에서 수입한 전자 제품은 장점이 많다고 한다.     (            )

Day 13

✓ 12일 단어 체크

| 대중 | ☐ | 가능성 | ☐ | 직접 | ☐ | 일정 | ☐ | 더위 | ☐ |
| 두다 | ☐ | 지역 | ☐ | 수준 | ☐ | 말리다 | ☐ | 낫다 | ☐ |
| 존경 | ☐ | 자리 | ☐ | 규칙적 | ☐ | 깨다 | ☐ | 적응 | ☐ |

TOPIK 필수 어휘

---

**글쓴이**
[글쓰니]

명 writer / 著者, 作家 / 作家

• 이 책의 글쓴이가 누구인지 알아요?
• 읽기를 할 때는 글쓴이가 어떤 생각으로 그 글을 썼는지 생각하면서 읽어야 한다.

---

**언어**
[어너]

명 language / 言語 / 语言

• 사람은 언어로 자신의 생각을 표현할 수 있다.
• 언어를 배우면 그 나라의 문화를 함께 이해할 수 있다.

---

**연주**
[연주]

명 (music) performance / 演奏 / 演奏

연주하다

• 관객들은 바이올린 연주를 듣고 박수를 쳤다.
• 금방 윤오 씨가 연주한 음악이 무엇입니까?

---

**주제**
[주제]

명 topic / 主題 / 主題

• 글에서 글쓴이가 말하려고 하는 생각을 주제라고 한다.
• 오늘 수업의 주제는 언어와 문화에 대한 것입니다.

---

**활동**
[활똥]

명 activity / 活動 / 活动

활동하다

- 봄이 되니까 야외 활동을 하는 사람들이 많아지고 있다.
- 나는 구두보다는 활동하기에 편한 운동화를 더 좋아한다.

TOPIK 중요 어휘

**국민**
[궁민]

명 the public / 國民 / 国民

- 경제가 좋아져서 국민들의 생활 수준이 높아졌다.
- 박지성은 대한민국 국민이 가장 좋아하는 축구 선수이다.

**대표**
[대표]

명 representative / 代表 / 代表

대표하다

- 미영 씨는 졸업식에서 학생 대표로 발표를 했다.
- 김치는 한국을 대표하는 음식이다.

**믿음**
[미듬]

명 trust / 信賴 / 信任

관 믿다

- 친구 사이에는 믿음이 제일 중요하다.
- 상대방에 대한 믿음이 없으면 같이 일을 할 수 없다.

**손잡이**
[손자비]

명 knob / 뭐革, 取っ手 / 把手

- 방문 손잡이가 고장 나서 방에 들어갈 수 없다.
- 손잡이를 당겨서 문을 열었다.

**신입**
[시닙]

명 newcomer / 新入 / 新来

관 신입생

- 신입 사원들은 경험이 없기 때문에 선배들이 많이 도와주어야 한다.
- 이번에 들어온 신입 사원의 5%가 외국인이다.

| | |
|---|---|
| **신호**<br>[신호] | 몡 **sign** / 信号, 合図 / 信号 <br>• 길을 건너기 전에는 교통 신호를 잘 봐야 한다. <br>• 밥을 먹으러 가자고 친구에게 눈으로 신호를 보냈다. |
| **실내**<br>[실내] | 몡 **the inside** / 室内 / 室内 <br>반 실외 <br><br>• 실내에서는 담배를 피우면 안 됩니다. <br>• 실외 온도와 실내 온도의 차이가 너무 크면 건강에 좋지 않다. |
| **주택**<br>[주택] | 몡 **housing** / 住宅 / 住宅 <br>• 한국에는 아파트, 빌라, 한옥 등 다양한 주택이 있다. <br>• 나는 아파트보다는 단독 주택에서 살고 싶다. |
| **철**<br>[철] | 몡 **season** / 季節, 時季, 季 / …节 <br>• 이사철이라서 이사를 하려는 사람들이 많다. <br>• 여름철에는 날씨가 더우니까 음식을 조심해서 먹어야 한다. |
| **촬영**<br>[촬령] | 몡 **shooting (film, photo)** / 撮影 / 摄影 <br>촬영하다 / 촬영되다 <br>관 찍다 <br><br>• 미술관에서는 사진 촬영을 하면 안 된다. <br>• 그 영화는 모두 해외에서 촬영했다. |
| **당황하다**<br>[당황하다] | 동 **be embarrassed** / 慌てる / 慌张 <br>• 갑자기 엘리베이터가 멈춰서 당황했다. <br>• 나는 당황하면 얼굴이 빨개진다. |
| **유창하다**<br>[유창하다] | 혱 **fluent** / 流暢だ / 流利 <br>• 루이 씨는 한국어뿐만 아니라 중국어도 유창하게 잘한다. <br>• 한국어를 유창하게 하려면 말하기 연습을 많이 해야 한다. |
| **깨다**[02]<br>[깨다] | 동 **break** / 破る, 割る / 打破 <br>• 야구를 하다가 유리창을 깼다. <br>• 설거지를 할 때 그릇을 깨지 않도록 조심하십시오. |

| 원하다 | 동 want / 望む, 願う / 希望 |
|---|---|
| [원하다] | …기를 원하다 |

- 부모님은 내가 선생님이 되기를 원하신다.
- 윤오 씨는 고향에 돌아가기를 원했지만 비행기 표가 없어서 갈 수 없었다.

| 새로 | 부 newly / 新たに, 新しく / 新 |
|---|---|
| [새로] | |

- 냉장고를 산 지 너무 오래 되어서 새로 하나 샀다.
- 새로 이사한 집은 옛날 집에 비해서 더 넓다.

| 우선 | 부 above all / まず, 先に / 首先 |
|---|---|
| [우선] | 유 먼저 |

- 배가 고프니까 우선 밥부터 먹고 합시다.
- 우선 물을 끓인 다음에 라면을 넣으십시오.

TOPIK 추천 어휘

| 거절 | 명 rejection / 断り, 拒絶 / 拒絶 |
|---|---|
| [거절] | 거절하다 |
| | …을 당하다 |

- 가까운 사람이 부탁을 하면 거절하기가 힘들다.
- 거절을 할 때는 상대방의 기분이 나쁘지 않도록 해야 한다.

| 계약 | 명 contract / 契約 / 合同 |
|---|---|
| [계약] | 계약하다 |

- 1년 동안 이 아파트에서 살기로 부동산에서 계약을 했다.
- 집을 계약하기 전에는 계약 내용을 자세히 읽어 봐야 한다.

| 연말 | 명 the end of the year / 年末 / 年末 |
|---|---|
| [연말] | 반 연초 |

- 연말이 되니까 한 해 동안 하지 못한 일들이 후회가 된다.
- 백화점은 12월이 되면 연말 세일을 한다.

| | |
|---|---|
| **전날**<br>[전날] | 명 **the day before** / 前日 / 前一天<br>• 대학교 입학시험을 보는 전날은 잠을 잘 수 없을 정도로 긴장을 했다.<br>• 여행하기 전날 너무 떨려서 잠이 안 왔다. |
| **최초**<br>[최초] | 명 **the first** / 最初 / 最早<br>• 세계 최초로 달에 간 사람이 누구인지 조사했다.<br>• 이 자동차는 한국에서 최초로 만든 자동차이다. |
| **즐겁다**<br>[즐겁따] | 형 **pleasant** / 楽しい / 愉快<br>• 미영 씨가 즐거운 일이 있는지 노래를 부르고 있다.<br>• 친구들과 여행을 가서 정말 즐겁게 놀았다. |
| **눕다**<br>[눕따] | 동 **lie** / 横になる, 横たわる / 躺<br>…에 눕다<br><br>• 나는 침대에 누워서 책을 읽는 습관이 있다.<br>• 한국에서는 웃어른이 식사를 하실 때 누워 있으면 안 된다. |
| **따라가다**<br>[따라가다] | 동 **follow, catch up with** / 付いていく / 跟<br>• 윤오 씨는 너무 빨리 걸어서 따라갈 수가 없다.<br>• 이분을 따라가면 도서관을 찾을 수 있을 거예요. |

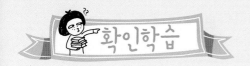
확인학습

※ [1-4] 다음 설명에 알맞은 단어를 〈보기〉에서 찾아 쓰십시오.

보기

| 글쓴이 | 계약 | 신입 | 주제 | 신호 | 연말 |

1 책을 쓴 사람 ( )

2 1년 중의 마지막 무렵인 12월 ( )

3 회사나 학교에 새로 들어온 사람 ( )

4 글이나 말의 중심 생각 ( )

※ [5-8] 다음 빈칸에 들어갈 단어를 〈보기〉에서 골라 알맞게 쓰십시오.

보기

| 대표하다 | 유창하다 | 원하다 | 거절하다 | 눕다 | 따라가다 |

5 어느 나라에나 그 나라를 _____ -(으)ㄴ/는 음식이 있다.

6 나는 마리코 씨가 한국말을 너무 _____ -게 잘해서 한국 사람인 줄 알았다.

7 친한 친구에게 부탁을 했는데 친구가 내 부탁을 _____ -아/어서 당황했다.

8 경찰이 도둑의 뒤를 조용히 _____ -고 있다.

※ [9-10] 다음 밑줄 친 부분과 비슷한 의미의 단어를 쓰십시오.

9 주말에 우리 아이들이 즐겁게 노는 사진을 <u>찍었다</u>. ( )

10 <u>먼저</u> 숙제부터 다 한 후에 컴퓨터 게임을 하자. ( )

Day
1 4

| 깨다 | ☐ | 따라가다 | ☐ | 신입 | ☐ | 주제 | ☐ | 거절 | ☐ |
| 원하다 | ☐ | 즐겁다 | ☐ | 당황하다 | ☐ | 대표 | ☐ | 최초 | ☐ |
| 새로 | ☐ | 계약 | ☐ | 유창하다 | ☐ | 믿음 | ☐ | 우선 | ☐ |

## TOPIK 빈출 어휘

**감정**
[감정]

🅜 **emotion** / 感情 / 感情
- 연기자는 기쁨과 슬픔 등의 다양한 감정을 잘 표현해야 한다.
- 어떤 일에 대한 자기 자신의 느낌이나 기분을 감정이라고 한다.

**목표**
[목표]

🅜 **aim** / 目標 / 目标
- 우리 팀은 이번 대회에서 이기는 것을 목표로 하고 있다.
- 올해 나의 목표는 고급 토픽 시험에 합격하는 것이다.

**예전**
[예전]

🅜 **the past** / 一昔前 / 从前, 以前
- 예전에는 집안일은 여자만 해야 한다고 생각하는 사람이 많았다.
- 예전에는 미영이와 친하지 않았는데 요즘 많이 친해졌다.

**판매**
[판매]

🅜 **sales** / 販売 / 销售
판매하다 / 판매되다

- 이 자동차는 해외 판매를 목적으로 만들었다.
- 우리 매장에서는 19세 이하의 청소년에게는 술을 판매하지 않는다.

**환불**
[환불]

🅜 **refund** / 払い戻し / 退还
환불하다

- 흰색 옷은 교환이나 환불이 되지 않습니다.
- 인터넷으로 옷을 샀는데 생각한 것과 달라서 환불했다.

**끊다**
[끈타]

⑧ quit / やめる / 戒 (酒), 戒 (烟)

- 요즘 몸이 안 좋아서 술을 끊으려고 한다.
- 여자 친구는 나에게 담배는 몸에 좋지 않으니까 끊으라고 했다.

**키우다**
[키우다]

⑧ raise, bring up / 育てる, 飼う / 喂养

⑪ 기르다

- 맞벌이를 하면서 아이를 키우는 것은 쉬운 일이 아니다.
- 미영이는 유학 생활이 외로워서 강아지를 한 마리 키우고 있다.

## TOPIK 중요 어휘

**관람**
[괄람]

⑨ watching (performance) / 観覧 / 观览

관람하다

- 공연 관람 10분 전입니다. 모두 자리에 앉아 주십시오.
- 이번 공연은 어린이들은 무료로 관람할 수 있습니다.

**국내**
[궁내]

⑨ domestic / 国内 / 国内

⑪ 국외, 해외

- 그 가수는 국내보다 해외에서 더 유명하다.
- 나는 해외여행에 못지 않게 국내 여행도 재미있다고 생각한다.

**기자**
[기자]

⑨ reporter / 記者 / 记者

- 기자들은 그 배우가 최근에 찍은 영화에 대해 여러 가지 질문을 했다.
- 여배우가 결혼한다는 이야기를 듣고 많은 기자들이 모였다.

**외모**
[외모]

⑨ appearance / 外見 / 外貌

- 요즘은 여자들뿐만 아니라 남자들도 외모를 가꾸는 데 관심이 많다.
- 나는 외모도 중요하지만 성격이 좋은 사람과 결혼하고 싶다.

| | |
|---|---|
| **회의**<br>[회의] | 몡 **meeting** / 会議 / 会议<br>• 사장님과 직원들이 모여서 수출 문제에 대해서 회의를 하고 있다.<br>• 다음 달 공연 준비를 위해서 배우들이 모여서 회의를 한다. |
| **궁금하다**<br>[궁금하다] | 혱 **curious** / 知りたい, 気になる / 想知道<br>• 궁금한 것이 있으면 선배에게 물어보도록 하세요.<br>• 내 친구는 궁금한 것이 있으면 꼭 물어보는 성격이다. |
| **낳다**<br>[나타] | 동 **give birth to** / 産む / 生<br>• 나는 나를 낳아 주시고 키워 주신 부모님께 항상 감사 드린다.<br>• 우리 집 개가 강아지를 낳아서 모두 기뻐했다. |
| **던지다**<br>[던지다] | 동 **throw** / 投げる / 扔<br>퐌 받다<br><br>• 결혼식이 끝나고 나서 신부가 친구들에게 꽃을 던졌다.<br>• 내가 공을 던질 테니까 네가 잘 받아. |
| **메다**<br>[메다] | 동 **carry** / 担ぐ / 背<br>• 윤오는 새로 산 가방을 메고 학교에 갔다.<br>• 무거운 가방을 오래 메어서 그런지 어깨가 아프다. |
| **묻다**<br>[묻따] | 동 **be stained with** / (粉, 水, 糊, 汚れなどが) 付く / 附着, 蘸<br>…에 묻다<br><br>• 엄마가 아이의 입에 묻은 초콜릿을 닦아 주었다.<br>• 옷에 볼펜이 묻어서 옷을 갈아입었다. |
| **세우다**<br>[세우다] | 동 **park** / 止める / 停车<br>• 이곳에는 주차를 할 수 없으니까 다른 곳에 차를 세우십시오.<br>• 길을 잘 몰라서 차를 세우고 다른 사람에게 길을 물어봤다. |
| **싸우다**<br>[싸우다] | 동 **fight, argue** / 争う / 吵架<br>…와/과 싸우다<br><br>• 미영 씨는 남자 친구와 싸워서 말을 하지 않는다.<br>• 미영이와 윤오는 사이가 안 좋아서 만나기만 하면 싸운다. |

| 자르다 [자르다] | 동 cut / 切る / 剪 |
|---|---|

• 날씨가 더워서 긴 머리를 짧게 잘랐다.

• 종이를 잘라서 윤오의 장난감을 만들어 주었다.

| 졸리다 [졸리다] | 동 형 feel sleepy / 眠い / 困 |
|---|---|

• 졸릴 때는 커피를 한 잔 마시면 좀 괜찮아진다.

• 어제 밤늦게까지 숙제를 하느라고 잠을 못 자서 너무 졸린다.

## TOPIK 추천 어휘

| 누구나 [누구나] | 명 whoever / 誰でも / 谁都 |
|---|---|

• 이 지역에 사는 사람이라면 누구나 이 도서관에서 책을 빌릴 수 있다.

• 그 노래는 한국 사람 누구나 다 아는 노래이다.

| 반찬 [반찬] | 명 side-dish / おかず / 菜肴 |
|---|---|

• 집에 반찬이 없어서 밥하고 국만 먹었다.

• 요리를 할 시간이 없어서 반찬 가게에서 반찬을 사다가 먹었다.

| 방법 [방법] | 명 way / 方法 / 方法 |
|---|---|

• 김치를 담그는 방법이 궁금해서 친구에게 물어보았다.

• 사용 방법을 모를 때는 사용 설명서를 확인하세요.

| 순서 [순서] | 명 order / 順序, 手順 / 顺序 |
|---|---|

유 차례

• 이번 발표는 1번부터 순서대로 하겠습니다.

• 이번 공연의 마지막 순서는 한국 전통 춤이다.

| 축제 [축쩨] | festival / 祭り / 庆典 |
|---|---|

• 이번 축제에는 유명한 가수와 배우들이 많이 온다고 한다.

• 서울 여의도에서는 매년 10월에 세계 불꽃 축제를 한다.

| 이용하다 [이용하다] | 통 use / 利用する / 利用 |
| --- | --- |

• 나는 주로 지하철을 이용해 출퇴근을 한다.
• 나는 점심시간을 이용해서 영어 공부를 하고 있다.

| 혼나다 [혼나다] | 통 be scolded / 叱られる / 挨训 |
| --- | --- |

…에게(께) 혼나다

• 오늘도 동생과 싸워서 어머니께 혼났다.
• 수업 시간에 떠들어서 선생님께 혼날 뻔했다.

| 약간 [약깐] | 부 bit / 少し, ちょっと / 一点, 稍微 |
| --- | --- |

관 조금

• 음식이 싱거우니까 소금을 약간 넣으면 좋겠다.
• 앞머리가 길어서 미용실에 가서 약간 잘랐다.

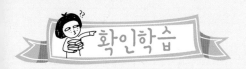

✳ [1-3] 다음 단어와 단어에 맞는 설명을 알맞게 연결하십시오.

1  판매 ·               · ① 자고 싶은 느낌이 있다.

2  졸리다 ·             · ② 산 물건을 다시 돈으로 바꾸는 것

3  환불 ·               · ③ 물건을 파는 것

✳ [4-7] 다음 빈칸에 들어갈 단어를 〈보기〉에서 골라 알맞게 쓰십시오.

| 보기 | | | | | |
|---|---|---|---|---|---|
| 던지다 | 목표 | 싸우다 | 이용하다 | 끊다 | 누구나 |

4  올해의 _____은/는 대학교에 합격하는 것이다.

5  담배와 술을 _____-(으)니까 건강이 많이 좋아졌어요.

6  그 노래는 한국 사람이라면 _____ 알 정도로 유명한 노래다.

7  나는 기차표를 예매할 때마다 인터넷을 _____-고 있다.

✳ [8-9] 다음 밑줄 친 부분과 비슷한 의미의 단어를 쓰십시오.

8  <u>나라 안</u>에서 일어나는 소식은 인터넷으로 쉽게 알 수 있다.　(　　　　　　)

9  소금을 <u>조금</u> 넣으면 음식이 더 맛있을 것 같다.　　　　　　(　　　　　　)

Day
15

✓ 14일 단어 체크

| 끊다 | ☐ | 낳다 | ☐ | 궁금하다 | ☐ | 이용하다 | ☐ | 방법 | ☐ |
| 목표 | ☐ | 세우다 | ☐ | 외모 | ☐ | 약간 | ☐ | 혼나다 | ☐ |
| 예전 | ☐ | 묻다 | ☐ | 국내 | ☐ | 누구나 | ☐ | 순서 | ☐ |

## TOPIK 필수 어휘

**교육**
[교육]

명 education / 教育 / 教育
- 나는 수학 교육을 전공해서 수학 선생님이 되고 싶다.
- 학교 교육에 못지않게 가정 교육도 중요하다.

**구입**
[구입]

명 purchase / 購入, 購買 / 购买
구입하다
- 구입한 지 일주일이 지나면 교환이 되지 않는다.
- 오늘 저희 매장에서 노트북을 구입하시는 모든 분께 USB를 함께 드립니다.

**세상**
[세상]

명 the world / 世の中 / 世上, 世界
- 세상에서 제가 가장 사랑하는 사람은 부모님입니다.
- 나는 어머니께서 해 주신 음식이 세상에서 가장 맛있다.

**이제**
[이제]

명 부 now / もう / 现在
- 이제부터 회의를 시작하겠습니다.
- 이제 다시는 그 사람을 만나지 않을 거야.

**반드시**
[반드시]

부 surely / 必ず / 一定

관 꼭

- 이 약은 반드시 식사 후에 드십시오.
- 운전 중에는 반드시 안전벨트를 매야 한다.

TOPIK 중요 어휘

**가격**
[가격]

명 price / 値段 / 价格

관 값

- 이 책의 가격은 2만 5천원이다.
- 가격이 비싼 것 같은데 좀 깎아 주시면 안 될까요?

**냄새**
[냄새]

명 smell / におい / 气味

- 방에서 이상한 냄새가 나서 창문을 열었다.
- 향수 냄새가 좋네요. 이 향수 이름이 뭐예요?

**부자**
[부자]

명 rich person / 金持ち / 富翁

- 돈이 많은 부자라고 해서 항상 행복한 것은 아니다.
- 그 사람은 부자여서 자동차가 10대나 있다.

**신입생**
[시닙쌩]

명 freshman / 新入生 / 新生

- 이번 신입생 오리엔테이션에는 교수님들께서 모두 오신다고 한다.
- 그 사람은 올해 입학한 신입생이라서 학교 건물의 이름을 잘 모른다.

**의미**
[의미]

명 meaning / 意味 / 意思

유 뜻

- 한국어에서 괜찮다는 말은 여러 가지 의미가 있다.
- 나는 그 사람의 말이 무슨 의미인지 몰라서 더 자세히 설명해 달라고 했다.

**찬성**
[찬성]

명 agreement / 賛成 / 赞成, 同意

찬성하다

반 반대 / 반대하다

15

16

- 나는 네가 유학을 가는 것에 찬성이다.
- 회의 결과 모두 찬성해서 계획대로 일을 하기로 했다.

## 끼다
[끼다]

동 cloud (over) / 立ち込める / 起雾, 有云

…이/가 끼다

- 안개가 많이 끼어서 비행기가 취소되었다.
- 구름이 많이 낀 걸 보니까 비가 올 모양이다.

## 나다<sup>02</sup>
[나다]

동 (tears) flow, bleed / 出る / 流 (眼泪, 鼻血)

…이/가 나다

- 고향에 계신 부모님을 생각하니까 눈물이 났다.
- 너무 피곤해서 코피가 났다.

## 넘어지다
[너머지다]

동 fall / 倒れる / 摔倒

- 길이 미끄러워서 걷다가 넘어졌다.
- 버스가 갑자기 출발하는 바람에 버스에서 넘어질 뻔했다.

## 바뀌다
[바뀌다]

동 be changed / 変る / 改换, 换成

…이/가 바뀌다

- 전화기를 새로 사서 전화번호가 바뀌었다.
- 공항에서 가방이 바뀌어서 다시 찾느라고 힘들었다.

## 생기다
[생기다]

동 be formed / 生ずる / 开业, 养成

…이/가 생기다

- 학교 앞에 새로 생긴 식당의 음식이 맛있다고 들었다.
- 요즘 술을 마시면 잠을 자는 습관이 생겼다.

## 얼다
[얼다]

동 freeze / 凍る / 冻

…이/가 얼다

반 녹다

- 기온이 영하로 내려가서 강물이 얼었다.
- 밤새 내린 눈이 얼어서 길이 미끄럽다.

**일어나다**<sup>01</sup>
[이러나다]

동 stand up, wake up / 立つ / 起来
- 사장님이 들어오셔서 자리에서 일어났다.
- 내일은 일찍 출발해야 하므로 6시에 일어나야 한다.

**태우다**<sup>02</sup>
[태우다]

동 burn / 焦がす, 燃やす / 使…燃烧, 烧焦
- 요리를 하는데 전화가 와서 전화를 받다가 음식을 태웠다.
- 불에 태워야 하는 쓰레기는 따로 버려야 한다.

**미리**
[미리]

부 in advance / あらかじめ, 前もって / 预先
- 그 식당은 연말에 손님이 너무 많아서 미리 예약을 해야 한다.
- 감기에 걸릴 것 같아서 미리 약을 먹었다.

TOPIK 추천 어휘

**각자**
[각짜]

명 부 each / 各自, めいめい / 每个人
- 파티에서 먹을 음식은 각자가 준비해 오십시오.
- 친구들과 헤어져서 각자의 집으로 돌아갔다.

**감동**
[감동]

명 being moved / 感動 / 感动
감동하다
…을 주다 / 받다
- 여러 번 실패했지만 계속 노력하는 그 사람의 모습은 모두에게 감동을 주었다.
- 나는 그 영화를 보고 감동을 받아서 눈물이 났다.

**화해**
[화해]

명 reconciliation / 仲直り / 和解
…와/과 화해하다
관 싸우다
- 며칠 전에 싸운 친구와 화해를 하고 싶은데 어떤 방법이 좋을지 모르겠다.
- 동생과 화해를 하고 싶어서 내가 먼저 전화를 했다.

| | |
|---|---|
| **값싸다**<br>[갑싸다] | 형 **cheap** / 安い / 便宜, 廉价<br>• 값싼 편의점 음식으로 점심을 대신하는 사람들이 많아졌다.<br>• 그곳은 값싸고 맛있는 음식들이 많아서 사람들이 많이 간다. |
| **차갑다**<br>[차갑따] | 형 **cold** / 冷たい / 凉<br>반 뜨겁다<br>• 차가운 아이스크림을 많이 먹었더니 배가 아프다.<br>• 너무 더운데 차가운 물 좀 주세요. |
| **널다**<br>[널다] | 동 **hang** / 干す / 晾<br>• 날씨가 좋아서 이불을 밖에 널어 놓았다.<br>• 빨래를 하고 나서 수건을 널어서 말렸다. |
| **다치다**<br>[다치다] | 동 **be hurt** / 傷付く, 痛める / 受伤<br>• 축구를 하다가 넘어져서 다쳤다.<br>• 칼을 사용할 때는 다치지 않도록 조심해야 한다. |
| **모자라다**<br>[모자라다] | 동 **be short** / 足りない / 不够<br>관 부족하다<br>• 케이크를 만드는 데 달걀이 모자라서 동생에게 사 오라고 했다.<br>• 시험을 보는데 시간이 모자라서 끝까지 답을 쓰지 못했다. |
| **가끔**<br>[가끔] | 부 **sometimes** / たまに / 有时候<br>• 나는 가끔 혼자 영화를 보러 간다.<br>• 나는 친구들을 좋아하지만 가끔 혼자 있고 싶을 때가 있다. |

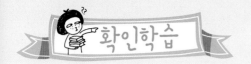

✳ [1-5] 다음 빈칸에 들어갈 단어를 〈보기〉에서 골라 알맞게 쓰십시오.

> 보기
>
> | 화해 | 감동 | 의미 | 신입생 | 냄새 | 세상 |

**1** 새로 산 세제로 옷을 빨았더니 좋은 _____ 이/가 난다.

**2** 친구와 싸운 후에는 빨리 _____ 을/를 하는 것이 좋다.

**3** 이 책은 많은 사람들에게 _____ 을/를 주기 때문에 인기가 많다.

**4** 선생님께 오늘 배운 단어의 _____ 을/를 다시 한 번 설명해 달라고 부탁했다.

**5** 올해 새로 입학한 _____ 에게 선배들이 대학 생활에 대해 자세히 알려 주었다.

✳ 다음 빈칸에 공통으로 들어갈 단어를 〈보기〉에서 골라 '기본형'으로 쓰십시오.

> 보기
>
> | 바뀌다 | 나다 | 생기다 | 끼다 |

**6** 그 사람의 이름을 계속 생각해 보았지만 기억이 ( )지 않았다.

드라마에서 여자 배우가 울면 나도 눈물이 ( ).

_____

✳ [7-10] 다음 밑줄 친 부분과 비슷한 의미의 단어를 쓰십시오.

**7** 퇴근을 할 때는 <u>꼭</u> 사무실의 불을 꺼 주십시오. ( )

**8** 나는 <u>값이 싼</u> 물건이 많아서 동대문 시장을 좋아한다. ( )

**9** 이번 여행에서 차비는 <u>사람마다</u> 따로 냈다. ( )

**10** 신제품은 다른 제품과 자세히 비교해 보고 <u>사는</u> 것이 좋다. ( )

Day

16

✓ 15일 단어 체크

| | | | | |
|---|---|---|---|---|
| 반드시 ☐ | 나다 ☐ | 생기다 ☐ | 의미 ☐ | 미리 ☐ |
| 넘어지다 ☐ | 이제 ☐ | 화해 ☐ | 감동 ☐ | 끼다 ☐ |
| 태우다 ☐ | 모자라다 ☐ | 가끔 ☐ | 바뀌다 ☐ | 각자 ☐ |

TOPIK 빈출 어휘

**반대**
[반대]

명 opposition / 反對 / 反对
반대하다
(반) 찬성 / 찬성하다

• 부모님께서는 미영 씨와의 결혼을 반대하신다.
• 미영이는 윤오의 생각에 항상 반대한다.

**절약**
[저략]

명 saving / 節約 / 节约
절약하다
(관) 아끼다

• 에너지를 절약하기 위해서 사용하지 않는 컴퓨터는 끄기로 했다.
• 용돈을 절약하려고 요즘 걸어 다닌다.

**평가**
[평끼]

명 evaluation / 評価 / 评价
평가하다 / 평가되다

• 외모를 보고 사람을 평가하면 안 된다.
• 이번 발표에 대한 평가 결과는 내일 알 수 있다.

**해결**
[해결]

명 solution / 解決 / 解决
해결하다 / 해결되다

• 친구와 문제가 생겼을 때 싸우지 말고 대화로 해결하십시오.
• 이 문제를 해결하기 위해서는 그 사람을 직접 만나야 한다.

| **강하다**<br>[강하다] | 형 **strong** / 強い / 强<br>반 약하다<br>• 오후부터 바람이 강하게 불고 추워지겠습니다.<br>• 이번 축구 경기에서 생각보다 강한 상대를 만나서 걱정이다. |
|---|---|
| **끊다**[02]<br>[끈타] | 동 **hang up** / 切る / 挂<br>• 미영 씨에게 전화를 했는데 받지 않아서 그냥 끊었다.<br>• 남자 친구와 통화를 하다가 너무 화가 나서 전화를 끊어 버렸다. |
| **마침**<br>[마침] | 부 **just** / ちょうど / 正好<br>• 명동에 가려고 하는데 마침 버스가 와서 탔다.<br>• 나도 마침 커피를 마시러 가려던 참이었는데 같이 갑시다. |

TOPIK

| **기념일**<br>[기녀밀] | 명 **anniversary** / 記念日 / 纪念日<br>• 10월 8일은 우리 학교의 개교기념일이다.<br>• 지난 주말은 부모님의 결혼기념일이어서 가족이 모여서 저녁을 먹었다. |
|---|---|
| **봉투**<br>[봉투] | 명 **envolope** / 封筒 / 袋儿, 信封<br>• 쓰레기는 쓰레기 봉투에 넣어서 버려야 합니다.<br>• 친구에게 쓴 편지를 예쁜 편지 봉투에 넣어서 주었다. |
| **소원**<br>[소원] | 명 **wish** / 願い / 愿望<br>• 우리 부모님의 소원은 내가 커서 의사가 되는 것이다.<br>• 대학에 입학하면 배낭여행을 하는 것이 나의 소원이다. |
| **순간**<br>[순간] | 명 **moment** / 瞬間 / 瞬间<br>• 그 배우를 만난 순간 너무 떨려서 아무 말도 할 수 없었다.<br>• 지금까지 살면서 최고의 순간은 세계 수영 대회에서 1등을 했을 때였다. |

16

17

**영수증**
[영수증]

명 receipt / 領収書, レシート / 发票
- 물건을 사면 영수증을 꼭 받아야 한다.
- 영수증을 보면 주문한 음식과 음식의 가격을 확인할 수 있다.

**자료**
[자료]

명 material / 資料 / 资料
- 숙제를 하기 위해 도서관에서 자료를 찾았다.
- 신입생들에게 학교를 소개하는 자료를 만들기 위해서 학교 사진을 찍었다.

**초대**
[초대]

명 invitation / 招待 / 招待, 邀请
초대하다 / 초대되다
- 친구 집에 초대를 받아서 선물로 케이크와 과일을 샀다.
- 오늘 생일이어서 친구들을 집으로 초대했다.

**퇴원**
[퇴원]

명 leaving the hospital / 退院 / 出院
퇴원하다
반 입원 / 입원하다
- 교통사고로 입원을 한 친구가 퇴원을 하기 전에 문병을 가려고 한다.
- 미나 씨, 어머니께서 병원에 입원하셨다고 하더니 퇴원하셨어요?

**확인**
[화긴]

명 check / 確認 / 确认
확인하다 / 확인되다
- 여행을 떠나기 전에 마지막으로 일정이나 준비물을 다시 확인하세요.
- 이메일을 받으셨는지 확인하기 위해서 부장님께 전화를 드렸다.

**당연하다**
[당연하다]

형 natural / 当然だ, 当たり前だ / 当然
- 겨울이니까 추운 것이 당연하다.
- 공부를 안 했으니까 시험을 못 보는 것이 당연하다.

**딱딱하다**
[딱따카다]

형 hard / 固い / 硬
- 나무로 만든 의자는 딱딱해서 오래 앉아 있기가 힘들다.
- 딱딱한 음식을 먹었더니 턱이 아프다.

**나가다**
[나가다]

동 go out / 出ていく / 出去

반 들어오다

• 오랫동안 집 밖으로 나가지 않았더니 답답하다.
• 기숙사에서 저녁을 먹고 친구와 공원으로 산책을 나갔다.

**들르다**
[들르다]

동 stop by / 立ち寄る / 順便去

…에 들르다

• 집에 가다가 미영 씨의 집에 잠깐 들르려고 한다.
• 몸이 아파서 퇴근하는 길에 병원에 들렀다.

**보이다**
[보이다]

동 be seen / 見える / 看见

…이/가 보이다

• 우리 집에서 남산이 보인다.
• 저 앞에 보이는 건물의 이름이 뭐예요?

**세다**
[세다]

동 count / 数える / 数

• 생일이 얼마나 남았는지 달력을 보면서 날짜를 세어 보았다.
• 우리 반에 남학생이 몇 명인지 세어 보세요.

TOPIK  추천 어휘

**간접적**
[간접쩍]

명 indirect / 間接的 / 间接

반 직접적

• 책을 읽으면 여러 가지 일을 간접적으로 경험할 수 있다.
• 친구에게 같이 밥을 먹자고 하는 것으로 화해하고 싶은 내 마음을 간접적으로 표현했다.

**무관심**
[무관심]

명 indifference / 無関心 / 不关心

무관심하다
…에/에게 무관심하다

반 관심

• 요즘 다른 사람 일에는 무관심한 사람들이 많아지고 있다.
• 윤오 씨는 외모에 무관심해서 옷을 잘 사지 않는다.

**안전**
[안전]

명 safety / 安全 / 安全

안전하다

- 이 길은 공사 중이니까 다른 길로 가는 것이 안전하다.
- 아이는 자동차의 뒷좌석에 태우는 것이 안전하다.

**정치**
[정치]

명 politics / 政治 / 政治

- 국회의원들은 국민을 대표해서 정치를 하는 사람들이다.
- 요즘 사람들은 정치에 대해 무관심하다.

**추측**
[추측]

명 guess / 推測 / 推測

추측하다 / 추측되다

- 이 사진을 보고 다음에 어떤 일이 생길지 추측해 봅시다.
- 그 일은 내가 추측한 대로 되고 있다.

**항공**
[항공]

명 flight / 航空 / 航空

- 이 소포는 배편이 아니라 항공편으로 보내 주세요.
- 이번 여행은 조금 값싼 항공사를 이용하기로 했다.

**위험하다**
[위험하다]

형 dangerous / 危ない / 危险

- 공사를 하는 곳은 위험하니까 조심해야 한다.
- 등산은 올라갈 때보다 내려올 때 더 위험하다고 한다.

**돌아보다**
[도라보다]

동 look back / 振り返る / 回头看

- 내 이름을 부른 것 같아서 돌아보았지만 아무도 없었다.
- 미영 씨는 너무 예뻐서 길을 가는 사람들이 누구나 돌아볼 정도이다.

**당연히**
[당연히]

부 surely / 当然 / 当然

- 공연 관람 중에는 당연히 휴대 전화를 받으면 안 된다.
- 그 사람은 열심히 노력했으니까 당연히 상을 받아야 한다고 생각한다.

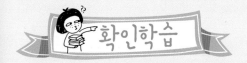
✳ [1~2] 다음 그림과 관계있는 단어를 쓰십시오.

**1**

```
******************************
생활용품              ₩5,000
생활용품              ₩5,000

공급가액              ₩9,091
과 세 액               ₩909
합계        ₩10,000
현  금               ₩10,000

감사합니다
교환 환불시 3일이내영수증 지참
담당자 1      007487   00000
```

( 　　　　　　　 )

**2**

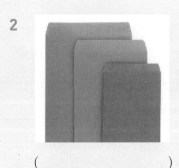

( 　　　　　　　　　 )

✳ [3~6] 다음 빈칸에 들어갈 단어를 〈보기〉에서 골라 알맞게 쓰십시오.

보기

| 나가다 | 세다 | 들르다 | 보이다 | 끊다 | 해결하다 |
|---|---|---|---|---|---|

**3** 엄마는 퇴근하는 길에 슈퍼에 _____ -아/어서 우유를 사 오라고 하셨다.

**4** 조금만 기다리라고 했지만 미영이는 화를 내면서 전화를 _____ -았/었다.

**5** 문제를 혼자 _____ -지 못해서 형에게 도와달라고 했다.

**6** 지갑에 돈이 얼마나 있는지 _____ -아/어 봤다.

✳ [7~9] 다음 밑줄 친 단어의 반대말을 쓰십시오.

**7** 미영이는 윤오의 의견에 언제나 <u>찬성한다</u>.　　　( 　　　　　　 )

**8** 내 동생이 어제 사고가 나서 병원에 <u>입원했다</u>.　　　( 　　　　　　 )

**9** 내 친구는 한국 음악에 <u>관심</u>이 있어서 한국어를 공부하기 시작했다고 한다.

　　　　　　　　　　　　　　　　　　　　　　( 　　　　　　 )

Day 17

✔ 16일 단어 체크

| | | | | | | | | | |
|---|---|---|---|---|---|---|---|---|---|
| 위험 | ☐ | 강하다 | ☐ | 소원 | ☐ | 절약 | ☐ | 간접적 | ☐ |
| 마침 | ☐ | 당연하다 | ☐ | 순간 | ☐ | 해결 | ☐ | 보이다 | ☐ |
| 나가다 | ☐ | 세다 | ☐ | 끊다 | ☐ | 들르다 | ☐ | 돌아보다 | ☐ |

## TOPIK 필수 어휘

**놀이**
[노리]

명 game / 遊び / 游戏
• 친구들과 재미있는 놀이를 하면서 즐겁게 놀았다.
• 설날에는 아이들이 윷놀이, 제기차기 등 전통 놀이를 한다.

**농촌**
[농촌]

명 farm village / 農村 / 农村
• 그 사람은 서울을 떠나서 농촌에서 살기로 결심했다.
• 요즘은 도시는 물론 농촌에서도 별을 보기가 힘들다.

**들리다**
[들리다]

동 be heard / 聞こえる / 听见
…이/가 들리다
• 지금 들리는 노래의 제목이 뭐예요?
• 전화기가 고장 나서 목소리가 잘 안 들려요.

**지나가다**
[지나가다]

동 pass by / 通りすぎる / 过去, 经过
• 이 버스는 우리 집 앞을 지나가는 버스이다.
• 가끔 시간이 있으면 지나가는 사람들을 구경한다.

**따라서**
[따라서]

부 therefore / したがって / 因此
- 다음 주 수요일부터 축제를 시작합니다. 따라서 다음 주 수요일에는 수업이 없습니다.
- 담배는 건강에 나쁘다. 따라서 끊어야 한다.

TOPIK 중요 어휘

**기계**
[기계]

명 machine / 機械 / 机器
- 커피를 만드는 기계가 고장이 나서 사용할 수 없다.
- 기계를 수리하기 전에 플러그를 먼저 빼십시오.

**땀**
[땀]

명 sweat / 汗 / 汗
- 날씨가 너무 더워서 땀이 많이 난다.
- 축구 경기가 끝나고 선수들이 땀에 젖은 옷을 벗었다.

**부부**
[부부]

명 husband and wife / 夫婦 / 夫妻
- 두 사람은 결혼한 지 10년이 된 부부이다.
- 부부 사이에는 믿음이 있어야 한다.

**야근**
[야근]

명 night overtime / 夜勤 / 夜班
야근하다
- 미영 씨는 요즘 일이 많아서 항상 늦게까지 야근을 한다.
- 퇴근 시간 이후에도 야근하는 직원들이 많다.

**용돈**
[용똔]

명 pocket money / 小遣い / 零花钱
- 용돈을 절약해서 부모님께 드릴 선물을 샀다.
- 부모님께서는 내게 매달 30만 원씩 용돈을 주신다.

**웃음**
[우슴]

명 laugh / 笑い / 笑
- 학생들이 재미있는 이야기를 하는지 교실에서 웃음소리가 들린다.
- 부모님께서 돌아가신 후에 친구는 웃음을 잃었다.

| | |
|---|---|
| **평균**<br>[평균] | 명 **average** / 平均 / 平均<br>• 나는 한 달에 평균 3권의 책을 읽는다.<br>• 나의 시험 성적이 우리 반 학생들의 평균 성적보다 높다. |
| **향기**<br>[향기] | 명 **scent** / 香り / 香气<br>• 그 사람에게는 항상 좋은 향기가 난다.<br>• 이 꽃은 향기가 정말 좋네요. 이름이 뭐예요? |
| **환영**<br>[화녕] | 명 **welcome** / 歓迎 / 欢迎<br>환영하다<br>• 우리 학교에 입학한 신입생 여러분을 환영합니다.<br>• 사람들은 외국 손님들에게 환영의 의미로 꽃을 주었다. |
| **똑똑하다**<br>[똑또카다] | 형 **smart** / 頭がよい, 賢い / 聪明<br>• 그 사람은 똑똑해서 공부를 잘한다.<br>• 어렸을 때부터 똑똑하던 미영이는 학교를 1등으로 졸업했다. |
| **내다**[01]<br>[내다] | 동 **hand in** / 出す / 交 (作业/文件)<br>…에/에게 …을/를 내다<br>• 수업이 끝나기 전까지 선생님께 숙제를 내십시오.<br>• 대학 입학 서류는 2월 25일까지 사무실에 내야 합니다. |
| **돌려주다**<br>[돌려주다] | 동 **return** / 返す / 还<br>• 미영 씨는 윤오 씨에게 빌린 책을 다 읽고 돌려주었다.<br>• 저한테 빌린 돈은 언제 돌려주실 것입니까? |
| **맞다**[01]<br>[맏따] | 동 **be right** / 合う, 正しい / 正确<br>• 이 문제에 맞는 답을 고르십시오.<br>• 이 문제의 답은 3번이 아니라 4번이 맞는다. |
| **줍다**<br>[줍따] | 동 **pick up** / 拾う / 捡<br>• 여기 오는 길에 만 원짜리 한 장을 주웠습니다.<br>• 길에 있는 쓰레기를 주워서 쓰레기통에 버렸다. |

**팔리다**
[팔리다]

동 **be sold** / 売れる / 卖

…이/가 팔리다

• 표가 다 팔려서 저녁 공연을 볼 수가 없었다.
• 이게 요즘 제일 잘 팔리는 제품입니다.

---

TOPIK 추천 어휘

---

**과식**
[과식]

명 **overeating** / 過食, 食べ過ぎ / 暴食

과식하다

• 친구가 해 준 음식이 너무 맛있어서 과식을 했더니 배탈이 났다.
• 한 번 많이 먹어서 배탈이 난 이후로는 과식하는 버릇을 고쳤다.

---

**당일**
[당일]

명 **the day** / 当日 / 当天

• 미리 예매를 하시면 2만 원이고 공연 당일에 표를 구입하시면 2만 5천 원입니다.
• 시험 당일에는 여권이나 외국인 등록증을 꼭 가지고 가야 합니다.

---

**동의**
[동의]

명 **agreement** / 同意, 同ずる / 同意

동의하다

• 제 생각에 동의하시는 분들께서는 "예"라고 대답해 주십시오.
• 우리 가족은 이사를 하는 것에 모두 동의했다.

---

**바깥**
[바깥]

명 **the outside** / 外 / 外边

반 안

• 오늘은 비가 많이 오니까 바깥에 나가지 말고 집에서 쉬자.
• 바깥에 서 있지 말고 안으로 들어와서 앉으십시오.

---

**용서**
[용서]

명 **forgiveness** / 許し / 原谅

용서하다

17
18

- 나는 거짓말을 한 친구를 용서할 수 없다.
- 잘못했어요. 한 번만 용서해 주세요.

| | |
|---|---|
| **빼앗다**<br>[빼앋따] | 동 take away / 奪う / 抢<br>…에/에게서 …을/를 빼앗다<br><br>• 언니가 내 과자를 빼앗아 먹었다.<br>• 시간을 너무 많이 빼앗아서 죄송합니다. |
| **씹다**<br>[씹따] | 동 chew / かむ / 嚼<br>• 음식을 잘 씹어 먹어야 소화가 잘 된다.<br>• 껌을 씹다가 아무 데나 버리면 안 됩니다. |
| **접다**<br>[접따] | 동 fold / 畳む, 折り畳む / 合上, 折叠<br>반 펴다<br><br>• 실내에서는 우산을 접으십시오.<br>• 미영 씨는 부모님께 쓴 편지를 접어서 봉투 안에 넣었다. |
| **흔들다**<br>[흔들다] | 동 shake / 振る / 挥 (手), 摇<br>• 한국에서는 친구를 만나면 손을 흔들어서 인사를 한다.<br>• 이 음료수는 잘 흔들어서 드셔야 합니다. |
| **멀리**<br>[멀리] | 부 far / 遠く / 远远<br>반 가까이<br><br>• 그 사람이 멀리 떠나 버렸다.<br>• 미영 씨는 멀리 있는 시계를 보기 위해서 안경을 썼다. |

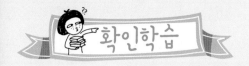

✳ [1–3] 다음 단어와 단어에 맞는 설명을 알맞게 연결하십시오.

1 야근 •
　　　　　　　　　　　　　• ① 퇴근 시간 이후에도 일을 하는 것

2 당일 •
　　　　　　　　　　　　　• ② 보통보다 더 많이 먹음.

3 과식 •
　　　　　　　　　　　　　• ③ 일이 있는 그날

✳ [4–7] 다음 빈칸에 들어갈 단어를 〈보기〉에서 골라 알맞게 쓰십시오.

| 보기 | | | | | |
|---|---|---|---|---|---|
| 들리다 | 지나가다 | 평균 | 내다 | 팔리다 | 빼앗다 |

4 요즘 이 디자인의 옷이 유행이라서 제일 많이 _____ −(으)ㄴ/는다.

5 밖에서 사람들의 웃음소리가 _____ −(으)ㄴ/는 걸 보니까 재미있는 일이 있는 모양이에요.

6 2012년 8월 _____ 기온은 24.5도로, 작년 8월보다 1.5도 올라갔습니다.

7 신입생들은 이번 주 금요일까지 사무실에 사진을 _____ −아/어야 학생증을 만들 수 있습니다.

✳ [8–9] 다음 밑줄 친 단어의 반대말을 쓰십시오.

8 친구는 학교와 <u>가까이</u> 이사를 했다.　　　(　　　　　　　　　)

9 학교 <u>안</u>에 커피숍이 생겼다.　　　(　　　　　　　　　)

17

18

Day 18

✔ 17일 단어 체크

| | | | | | | | | | |
|---|---|---|---|---|---|---|---|---|---|
| 들리다 | ☐ | 따라서 | ☐ | 지나가다 | ☐ | 내다 | ☐ | 맞다 | ☐ |
| 똑똑하다 | ☐ | 줍다 | ☐ | 용돈 | ☐ | 야근 | ☐ | 돌려주다 | ☐ |
| 팔리다 | ☐ | 흔들다 | ☐ | 접다 | ☐ | 과식 | ☐ | 빼앗다 | ☐ |

## TOPIK 빈출 어휘

### 동료
[동뇨]

명 colleague / 同僚, 仲間 / 同事
- 회사에서 같이 일하는 동료들과 저녁을 먹기로 했다.
- 야근을 하다가 배가 고파서 동료와 피자를 시켜 먹었다.

### 방문
[방문]

명 visit / 訪問 / 访问

방문하다
- 오늘 우리 학교에 손님이 방문한다고 한다.
- 미국 대통령은 국제 환경 회의를 위해서 처음으로 한국을 방문했다.

### 사실
[사실]

명 truth / 事実 / 事实
- 거짓말을 하지 말고 사실대로 말씀해 주십시오.
- 두 사람이 사귄다는 이야기는 사실이 아니었다.

### 오염
[오염]

명 pollution / 汚染 / 污染

오염되다
- 농촌은 도시보다 오염되지 않아서 깨끗한 편이다.
- 사람들이 버린 쓰레기 때문에 강물이 오염되어서 물고기들이 많이 죽었다.

**칭찬**
[칭찬]

명 compliment / 称贊 / 称赞
칭찬하다
…을 받다

- 시험에서 1등을 해서 부모님께 칭찬을 받았다.
- 선생님께서 발표를 잘했다고 칭찬해 주셔서 기분이 좋았다.

**환경**
[환경]

명 the environment / 環境 / 环境
- 요즘 농촌의 생활 환경이 도시처럼 바뀌고 있다.
- 환경 오염으로 동물들이 살 곳이 없어지고 있다.

**약하다**
[야카다]

형 weak / 弱い / 弱
반 강하다

- 여자는 남자에 비해서 힘이 약한 편이다.
- 내 친구는 어릴 때부터 몸이 약해서 약을 많이 먹었다고 한다.

TOPIK 중요 어휘

**공기**
[공기]

명 air / 空気 / 空气
- 집 안에서 꽃을 키우면 공기가 깨끗해진다고 한다.
- 농촌은 도시에 비해서 공기가 맑다.

**국가**
[국까]

명 country / 国家, 国 / 国家
유 나라

- 미영 씨는 이번 올림픽에 국가 대표로 참가한다.
- 유럽 국가의 대통령들이 모여서 회의를 하고 있다.

**두통**
[두통]

명 headache / 頭痛 / 头痛
- 두통 때문에 단어를 외우기가 힘들다.
- 요즘 스트레스가 많아서 두통이 심하다.

| | |
|---|---|
| **반복**<br>[반복] | 명 repitition / 繰り返す / 反复<br>반복하다 / 반복되다<br>• 단어는 반복해서 외워야 잊어버리지 않는다.<br>• 내 친구는 술을 마시면 같은 말을 반복해서 한다. |
| **속**<br>[속] | 명 the inside / 中, 内 / 里面<br>관 겉<br>• 미영이는 김밥 속에 있는 햄을 먹지 않는다.<br>• 눈이 많이 오는 날에 주머니 속에 손을 넣고 걸으면 위험하다. |
| **전원**<br>[저눤] | 명 power supply / 電源 / 电源<br>• 컴퓨터가 작동이 안 되어서 전원을 껐다가 다시 켜 보았다.<br>• 친구에게 전화를 했는데 전화기의 전원이 꺼져 있었다. |
| **주인공**<br>[주인공] | 명 main character / 主人公 / 主人公, 主演<br>• 이 소설 속 주인공의 직업은 의사이다.<br>• 이 영화의 주인공은 멋있고 연기도 잘한다. |
| **직장**<br>[직짱] | 명 office / 職場 / 工作单位<br>• 집에서 가까운 직장을 찾고 있다.<br>• 직장에서 일을 할 때는 동료들과 즐겁게 지내도록 노력해야 한다. |
| **집들이**<br>[집뜨리] | 명 house warming (party) / 引っ越し祝い / 搬家请客<br>• 이번에 새 아파트로 이사를 해서 집들이를 하려고 한다.<br>• 한국에서 집들이를 할 때는 휴지나 세제를 선물한다. |
| **나누다**<br>[나누다] | 동 share / 分ける / 分成, 分组<br>• 엄마는 피자를 주시면서 동생과 나누어 먹으라고 하셨다.<br>• 우리 반은 A팀과 B팀으로 나누어서 게임을 했다. |
| **나오다**<br>[나오다] | 동 come out / 出てくる / 出来<br>• 약속 시간이 되어도 친구가 나오지 않아서 전화를 했다.<br>• 지난달에 나온 우리 회사 신제품이 잘 팔린다. |

**벌다**
[벌다]

통 earn / 稼ぐ / 挣, 赚(钱)
- 돈을 벌기 위해서 아르바이트를 시작했다.
- 부모님은 돈을 버는 것보다 쓰는 것이 더 중요하다고 말씀하신다.

**신나다**
[신나다]

통 be excited / おもしろみがある / 开心
- 오랜만에 놀이공원에 가서 가족 모두 신나게 놀았다.
- 우울할 때는 신나는 음악을 들으면 기분이 좋아진다.

**열리다**
[열리다]

통 be opened / 開かれる / 营业, 打开
…이/가 열리다
반 닫히다

- 편의점은 24시간 열려 있다.
- 문이 고장 났는지 열리지 않는다.

**지키다**[01]
[지키다]

통 keep / 守る / 遵守
- 약속 시간을 지키지 않는 친구 때문에 화가 많이 났다.
- 운전을 할 때는 신호를 잘 지켜야 한다.

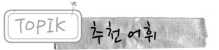

TOPIK 추천 어휘

**근처**
[근처]

명 neighborhood / 近所, 近く / 附近
- 이 근처에 약속이 있어서 온 김에 잠깐 들렀어요.
- 우리 집 근처에는 편의점이 없어서 불편하다.

**마중**
[마중]

명 coming to meet / 出迎え / 迎接
마중하다
…을 나가다
반 배웅 / 배웅하다

- 고향 친구가 한국에 놀러 온다고 해서 공항으로 마중을 나갔다.
- 비가 와서 어머니가 나를 마중하러 지하철역으로 오셨다.

| 수고<br>[수고] | 명 trouble, effort / 苦労 / 辛苦 |
|---|---|
| | • 비가 오는데 여기까지 오시느라고 수고가 많으셨어요. |
| | • 한국에서는 웃어른에게 "수고하세요."라고 인사를 하면 안 된다. |

| 역사<br>[역싸] | 명 history / 歴史 / 历史 |
|---|---|
| | • 한국의 역사를 배우기 위해 박물관에 가 보았다. |
| | • 서울은 역사가 오래된 도시이다. |

| 이내<br>[이내] | 명 within / 以内 / 以内 |
|---|---|
| | • 백화점에서 구입한 물건은 일주일 이내에는 교환이나 환불이 가능하다. |
| | • 보고서는 A4 2장 이내로 써서 금요일까지 내십시오. |

| 중요성<br>[중요썽] | 명 importance / 重要性, 大切さ / 重要性 |
|---|---|
| | • 최근 환경의 중요성에 대해서 생각하는 사람들이 많아지고 있다. |
| | • 이번 행사는 한국 문화를 알릴 수 있으므로 그 중요성을 잘 설명해야 한다. |

| 밉다<br>[밉따] | 형 hate / 憎い / 讨厌 |
|---|---|
| | • 이번 시험에도 합격하지 못해서 나는 내 자신이 너무 미웠다. |
| | • 남자 친구가 자꾸 거짓말을 해서 너무 밉다. |

| 덜<br>[덜] | 부 less / より少なく / 少 |
|---|---|
| | 반 더 |
| | • 아직 일이 덜 끝나서 야근을 해야 한다. |
| | • 이 케이크는 저 케이크보다 덜 달다. |

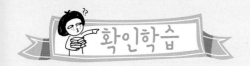

## ※ [1-4] 다음 설명에 알맞은 단어를 〈보기〉에서 찾아 쓰십시오.

| 동료 | 전원 | 집들이 | 두통 |
|------|------|--------|------|

1  직장에서 함께 일을 하는 사람　　　　　　( 　　　　　　　 )
2  전자 제품을 사용하기 전에 켜야 하는 것　　( 　　　　　　　 )
3  머리가 아픔　　　　　( 　　　　　 )
4  새 집으로 이사를 간 후 사람들을 집에 초대해서 하는 파티 ( 　　　　　 )

## ※ 다음 빈칸에 공통으로 들어갈 단어를 〈보기〉에서 골라 '기본형'으로 쓰십시오.

| 지키다 | 방문하다 | 반복하다 | 마중하다 |
|--------|----------|----------|----------|

5  갑자기 몸이 아파서 친구와 만나기로 한 약속을 ( 　　　　 ) 수 없었다.
　 경찰이 신호를 ( 　　　　　 ) 않은 차를 세웠다.

　　　　　　　　　　　　　　　　_____

## ※ [6-8] 다음 빈칸에 들어갈 단어를 〈보기〉에서 골라 알맞게 쓰십시오.

| 벌다 | 나누다 | 마중 | 밉다 |
|------|--------|------|------|

6  아르바이트를 해서 _____ -(으)ㄴ/는 돈으로 등록금을 냈어요.
7  비가 와서 그러는데 지하철역까지 _____ 을/를 나올 수 있어요?
8  피자가 한 조각밖에 남지 않아서 동생과 반으로 _____ -아/어서 먹었다.

## ※ [9-11] 다음 밑줄 친 단어의 반대말을 쓰십시오.

9  나는 어렸을 때부터 몸이 <u>약해서</u> 자주 아팠다.　　　　( 　　　　　 )
10  회사에 늦어서 엘리베이터 문이 <u>열리자마자</u> 뛰었다.　　( 　　　　　 )
11  공부를 열심히 했으면 시험이 <u>덜</u> 어려웠을 것이다.　　　( 　　　　　 )

Day 19

TOPIK 필수 어휘

**마을**
[마을]

몡 village / 村 / 村子
• 우리 마을에는 백 년이 된 큰 나무가 있다.
• 나는 작은 시골 마을에서 태어났다.

**실력**
[실력]

몡 skill / 実力 / 实力
• 실력도 중요하지만 열심히 노력하는 것이 더 중요하다고 생각한다.
• 리밍 씨는 한국 사람이라고 해도 믿을 정도로 한국어 실력이 좋다.

**연결**
[연결]

몡 connection / 連結, つなぐ / 连接
연결하다 / 연결되다

• 이 다리는 서울의 강남과 강북을 연결한다.
• 잠시만 기다리시면 사장님께 전화를 연결해 드리겠습니다.

**전시회**
[전시회]

몡 exhibition / 展示会 / 展览会
• 이번 사진 전시회는 9월 한 달 동안 열린다.
• 그 유명한 화가의 그림을 보기 위해서 전시회에 많은 사람들이 왔다.

## 서두르다
[서두르다]

동 be in a rush / 急ぐ / 着急

• 서두르지 말고 천천히 하세요.
• 약속 시간에 늦어서 서두르다가 휴대 전화를 집에 놓고 왔다.

---

TOPIK 중요 어휘

---

## 말
[말]

명 end / 末 / 末

반 초

• 이번 달 말까지 보고서를 마쳐야 한다.
• 학기 말이어서 시험 준비로 바쁘다.

## 명절
[명절]

명 holiday / 節 / 节日

• 설날, 추석과 같은 명절에는 가족들이 모두 모인다.
• 추석은 한국의 큰 명절 중의 하나이다.

## 불행
[불행]

명 unhappiness / 不幸 / 不幸

불행하다

관 행복

• 돈이 없는 사람들이 모두 불행을 느끼는 것은 아니다.
• 자기가 불행하다고 생각하면 안 좋은 일만 생긴다.

## 사과
[사과]

명 apology / 謝罪 / 道歉

사과하다

• 친구가 저에게 미안하다고 사과를 했어요.
• 잘못에 대한 사과의 뜻으로 여자 친구에게 꽃을 선물했다.

## 새벽
[새벽]

명 dawn / 夜明け / 凌晨

• 야근을 하느라고 새벽 1시에 집에 들어왔다.
• 나는 새벽 5시에 일어나서 신문을 읽는다.

19
20

| | |
|---|---|
| **소문**<br>[소문] | 명 **rumor** / うわさ / 传言<br>• 다른 사람들이 말하는 그 소문을 나는 믿지 않는다.<br>• 그 식당의 음식은 소문대로 맛있다. |
| **월세**<br>[월쎄] | 명 **monthly rent** / 家や部屋などを月ぎめて借りること。/ (月) 租金<br>관 전세<br>• 이 집은 월세가 한 달에 30만 원이다.<br>• 전셋값이 너무 비싸서 월세를 내는 곳으로 이사를 했다. |
| **자매**<br>[자매] | 명 **sisters** / 姉妹 / 姐妹<br>관 형제<br>• 언니와 나는 사이가 좋은 자매이다.<br>• 그 자매는 항상 옷 때문에 싸운다. |
| **재료**<br>[재료] | 명 **material, ingredient** / 材料 / 材料<br>• 요리를 하는 데 필요한 재료를 사러 마트에 갔다.<br>• 그 회사는 제품을 만드는 데 필요한 재료를 모두 수입한다. |
| **정리**<br>[정니] | 명 **arrangement** / 整理 / 整理<br>정리하다 / 정리되다<br>• 오늘 공부한 내용을 노트에 정리를 했다.<br>• 방을 오랫동안 정리하지 않아서 더럽다. |
| **좌석**<br>[좌석] | 명 **seat** / 座席 / 座位<br>관 자리<br>• 죄송하지만 지금은 남은 좌석이 없어서 다음 기차를 타셔야 합니다.<br>• 극장에 들어가면 좌석 번호를 확인하고 앉으세요. |
| **표정**<br>[표정] | 명 **facial expression** / 表情 / 表情<br>• 부장님은 안 좋은 일이 있는지 표정이 좋지 않았다.<br>• 시험에 합격했다는 소식을 듣고 미영 씨의 표정이 밝아졌다. |

| 급하다<br>[그파다] | 형 **urgent** / 急だ / 急<br>• 급한 일이 있어서 빨리 가 봐야 해요.<br>• 미영 씨는 성격이 급해서 자주 실수를 한다. |
|---|---|
| 느리다<br>[느리다] | 형 **slow** / のろい, 遅い / 慢<br>반 빠르다<br>• 컴퓨터가 오래 되어서 그런지 속도가 너무 느려서 답답하다.<br>• 그 사람은 말이 느린 편이다. |
| 짓다<sup>01</sup><br>[짇따] | 동 **prepare (medicine), make (breakfast)** / (飯を) たく / 抓药, 做饭<br>• 머리가 아파서 약을 지으러 약국에 가고 있어요.<br>• 밥을 지어야 하는데 쌀이 없다. |

TOPIK 추천 어휘

| 금지<br>[금지] | 명 **prohibition** / 禁止 / 禁止<br>금지하다 / 금지되다<br>• 주차 금지 안내문이 있는 곳에는 주차를 하면 안 된다.<br>• 도서관 안에서는 휴대 전화 사용을 금지합니다. |
|---|---|
| 불평<br>[불평] | 명 **complaint** / 不平, 不満 / 抱怨<br>불평하다<br>• 윤오 씨는 밥이 맛없다고 어머니께 불평을 했다.<br>• 마음에 안 들어도 불평하지 말고 선생님께서 시키는 대로 해. |
| 유지<br>[유지] | 명 **keeping** / 維持 / 保持, 坚持<br>유지하다 / 유지되다<br>• 미영 씨는 건강을 유지하기 위해서 매일 운동을 한다.<br>• 담배를 끊겠다는 결심을 유지하기가 쉽지 않다. |

19

20

| 장단점<br>[장단쩜] | 명 **pros and cons** / 長短 / 优缺点 |
|---|---|
| | • 비싼 물건을 살 때는 그 물건의 장단점을 잘 비교해 봐야 한다. |
| | • 그 일의 장단점에 대해서 조사해 보았다. |

| 배웅<br>[배웅] | 명 **seeing someone off** / 見送り / 送 (人) |
|---|---|
| | 배웅하다 |
| | 반 마중 / 마중하다 |
| | • 친구가 고향으로 돌아간다고 해서 공항까지 배웅을 해 주었다. |
| | • 어머니는 손님을 배웅하기 위해 밖으로 나가셨다. |

| 대단하다<br>[대단하다] | 형 **great** / すばらしい / 了不起, 很急 |
|---|---|
| | • 미영 씨는 요리 대회에서 1등을 할 정도로 요리 실력이 대단하다. |
| | • 대단한 일이 있는 것처럼 친구가 나에게 급하게 오라고 했다. |

| 밤늦다<br>[밤늗따] | 형 **late at night** / 夜が遅い / 深夜 |
|---|---|
| | • 시험 기간이어서 밤늦게까지 도서관에서 공부를 하는 학생이 많다. |
| | • 어제 밤늦도록 영화를 봐서 오늘 늦잠을 잤다. |

| 비다<br>[비다] | 동 **be empty** / 空く / 空 |
|---|---|
| | • 출퇴근 시간 지하철에는 빈 자리가 없다. |
| | • 점심시간에는 사무실이 비어서 전화를 받는 사람이 없다. |

| 급히<br>[그피] | 부 **urgently** / 急に / 急忙 |
|---|---|
| | • 미영 씨는 아버지께서 편찮으시다는 이야기를 듣고 급히 고향으로 돌아갔다. |
| | • 죄송하지만 급히 가 봐야 할 곳이 생겨서 먼저 가겠습니다. |

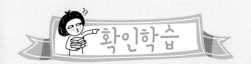

✳ [1-3] 다음 설명에 알맞은 단어를 〈보기〉에서 찾아 쓰십시오.

> 보기
>
> 불평하다　　　　　사과하다　　　　　금지하다　　　　　유지하다

1　마음에 들지 않는 것을 말이나 행동으로 표현함　　　　　(　　　　　　　)
2　지금의 모습이 변하지 않고 그대로 계속됨　　　　　　　(　　　　　　　)
3　다른 사람에게 실수를 했거나 싸운 후에 미안한 마음을 표현함　(　　　　　　　)

✳ [4-5] 다음 빈칸에 공통으로 들어갈 단어를 〈보기〉에서 골라 '기본형'으로 쓰십시오.

> 보기
>
> 짓다　　　　　나다　　　　　맞다　　　　　비다

4　사원들이 모두 출장을 가서 사무실이 (　　　　　　　) 있다.
　유명한 교수님의 수업을 들으러 갔지만 너무 늦게 가는 바람에 (　　　　　　　)
　자리가 없어서 듣지 못했다.
　　　　　　　　　　　　　　　　　　　　　　_____

5　이 집을 (　　　　　　　) 데에 10년이 걸렸다.
　할아버지께서 내 이름을 (　　　　　　　) 주셨다.
　감기에 걸린 것 같아서 병원에 갔다가 약을 (　　　　　　　) 약국에 갔다.
　　　　　　　　　　　　　　　　　　　　　　_____

✳ [6-10] 다음 빈칸에 들어갈 단어를 〈보기〉에서 골라 알맞게 쓰십시오.

> 보기
>
> 서두르다　　실력　　연결하다　　소문　　정리하다　　대단하다

6　아르바이트를 해서 번 돈으로 대학교를 다니는 학생들이 정말 _____-고
　생각한다.

7　비행기 출발 시각이 1시간 밖에 남지 않았으니까 _____-아/어야 한다.

8　나는 공부를 하기 전에 책상 위의 물건들을 _____-는 습관이 있다.

9　이번에 서울과 춘천을 _____-는 지하철이 생겨서 출퇴근이 편해졌다.

10　이 회사는 한국어 _____이/가 좋아야 들어갈 수 있다.

## 종합문제 ❷

✻ [1~2] 다음 (　　　　) 안에 알맞은 것을 고르십시오.

01  여행에서 필요한 세면도구, 옷, 약 등은 일주일 전에 (　　　) 준비해 두었다.

　　① 미리　　　　② 이제　　　　③ 당일　　　　④ 최초

02  친구에게 이사하는 것을 도와 달라고 부탁을 했는데 친구가 바쁘다고 하면서 (　　　　　)

　　① 변했다　　　② 들렸다　　　③ 화해했다　　　④ 거절했다

✻ [3~4] 다음 밑줄 친 부분과 의미가 비슷한 것을 고르십시오.

03  친구들과 밥을 먹으면 밥값은 <u>따로</u> 낸다.

　　① 구분　　　　② 각자　　　　③ 같이　　　　④ 직접

04  등산을 하는데 너무 힘들어서 중간에 <u>그만두었다.</u>

　　① 잘랐다　　　② 넘어졌다　　　③ 빼앗았다　　　④ 포기했다

✻ [5~6] 다음 밑줄 친 부분과 의미가 반대인 것을 고르십시오.

05  술을 마시고 수영을 하는 것은 <u>위험하기</u> 때문에 금지하고 있다.

　　① 편리하기　　② 안전하기　　③ 불편하기　　④ 약하기

06  엄마는 밤늦게 집에 들어오는 나를 위해서 전철역으로 <u>마중</u>을 나오셨다.

　　① 환영　　　　② 소문　　　　③ 배웅　　　　④ 방문

✳ [7~8] 다음 (                    ) 안에 공통으로 들어갈 동사의 '기본형'을 고르십시오.

**07**

- 아기가 잠에서 (              ) 울기 시작했다.
- 친구들과 야구를 하다가 옆집 창문을 (              ).
- 친구가 약속을 (              ) 내 비밀을 다른 사람들에게 말해 버렸다.

① 깨다            ② 졸리다            ③ 싸우다            ④ 내다

**08**

- 상대방의 목소리가 잘 안 들려서 전화를 (              ).
- 올해의 목표는 담배를 (              ) 것이다.
- 친구와 싸워서 오랫동안 연락을 (              ).

① 걸다            ② 맞다            ③ 내다            ④ 끊다

✳ [9~10] 다음 글을 읽고 알맞은 답을 고르십시오.

> 서울시에서는 다음 달 5월 11일부터 17일까지 일주일 동안 '하이 서울 페스티벌'을 합니다. 이 '하이 서울 페스티벌'은 서울을 더 많은 사람들에게 알리기 위한 (  ㉠  )으로 만든 축제입니다. 매일 서울의 대표적인 장소에서 진행되는 공연과 전시회 등은 여러분에게 큰 (  ㉡  )을/를 줄 것입니다. 이 축제는 서울 시민뿐만 아니라 국내외 관광객 누구나 참가할 수 있습니다. 자세한 내용은 홈페이지를 확인하시기 바랍니다.

**09** ㉠에 들어갈 말로 알맞은 것을 고르십시오.

① 가능성            ② 목적            ③ 주제            ④ 사실

**10** ㉡에 들어갈 말로 알맞지 않은 것을 고르십시오.

① 기쁨            ② 행복            ③ 감동            ④ 수고

# 21~30일

. . . . . . . . . . . .

# 어휘

**Day 21**

✓ 19일 단어 체크

| | | | | |
|---|---|---|---|---|
| 실력 ☐ | 말 ☐ | 정리 ☐ | 표정 ☐ | 유지 ☐ |
| 연결 ☐ | 사과 ☐ | 재료 ☐ | 급하다 ☐ | 불평 ☐ |
| 서두르다 ☐ | 소문 ☐ | 월세 ☐ | 짓다 ☐ | 금지 ☐ |
| 장단점 ☐ | 비다 ☐ | 배웅 ☐ | 대단하다 ☐ | |

## TOPIK 필수 어휘

**기능**
[그피]

몡 function / 機能 / 功能
- 이 컴퓨터는 다양한 기능이 있어서 사용이 편리하다.
- 내 휴대 전화에는 사전 기능이 있어서 공부할 때 도움이 된다.

**의견**
[의견]

몡 opinion / 意見 / 意见
- 공공장소 흡연에 대한 각자의 의견을 편하게 말씀해 주십시오.
- 미영 씨와 윤오 씨는 의견 차이 때문에 자주 싸운다.

**취업**
[취업]

몡 getting a job / 就業 / 就业
취업하다
- 한국의 대학생들은 보통 4학년 때부터 취업 준비를 한다.
- 이번 시험에 합격하면 취업할 수 있다.

**끌다**
[끌다]

동 attract / (人気, 注目을) 集める / 引人注目
- 이 식당은 맛있는 음식과 싼 가격으로 손님을 끌고 있다.
- 저 가수는 새 노래로 인기를 끌고 있다.

**뽑다**[01]
[뽑따]

동 pull / 抜く / 拔, 抽
- 통장을 만드시려면 먼저 번호표를 뽑고 기다려 주십시오.
- 이가 아파서 치과에 갔더니 의사가 이를 뽑아야 한다고 했다.

| 줄이다<br>[주리다] | 图 shorten, turn down (volume) / 減らす / 減少<br>• 새로 산 바지가 길어서 조금 줄였다.<br>• 텔레비전 소리가 너무 시끄러운데 소리 좀 줄여 주세요. |
|---|---|
| 혹시<br>[혹씨] | 图 by any chance / もし, ひょっとしたら / 如果, 或许<br>• 혹시 시간 있으면 저를 좀 도와주실래요?<br>• 혹시 미영 씨 아니에요? |

TOPIK 중요 어휘

| 가구<br>[가구] | 图 furniture / 家具 / 家具<br>• 새 침대를 사려고 가구 매장에 갔다.<br>• 이사를 해야 하는데 옮겨야 하는 가구가 많아서 걱정이다. |
|---|---|
| 복권<br>[복꿘] | 图 lottery / 宝くじ / 彩票<br>• 나는 매주 복권을 사지만 1등이 되어 본 적은 없다.<br>• 1등에게는 3억 원을 주는 복권을 샀다. |
| 비서<br>[비서] | 图 secretary / 秘書 / 秘书<br>• 사장님은 비서에게 다음 일정이 어떻게 되는지 물었다.<br>• 사장님은 비서에게 회의에 필요한 서류를 준비해 달라고 했다. |
| 수술<br>[수술] | 图 operation / 手術 / 手术<br>수술하다<br>• 의사는 나에게 수술이 잘 되어 금방 퇴원할 수 있다고 했다.<br>• 아버지께서는 건강이 안 좋아져서 수술을 하셔야 한다. |
| 자신감<br>[자신감] | 图 confidence / 自信 / 自信心<br>• 발표를 할 때는 자신감이 있는 목소리로 말을 해야 한다.<br>• 시험에 떨어진 후에 자신감을 잃었다. |

| | |
|---|---|
| **중심**<br>[중심] | 몡 **center** / 中心 / 中心<br>• 명동은 서울의 중심에 있다.<br>• 이 글의 중심 생각이 무엇인지 찾으십시오. |
| **추억**<br>[추억] | 몡 **memory** / 思い出 / 回忆<br>• 3년 동안의 유학 생활은 나에게 아름다운 추억으로 남을 것이다.<br>• 바다에 오니 예전에 친구들과 함께 여행을 왔던 추억이 생각난다. |
| **한참**<br>[한참] | 몡 **for a long time** / しばらく / 许久<br>비 한동안<br>• 산에 올라갔는데 너무 힘들어서 한참을 쉬었다.<br>• 한참 동안 기다렸지만 그 사람은 오지 않았다. |
| **부드럽다**<br>[부드럽따] | 혱 **soft** / 柔らかい / 柔软<br>• 이를 뽑은 지 얼마 안 되어서 죽과 같은 부드러운 음식만 먹을 수 있다.<br>• 그 가수의 부드러운 목소리를 듣고 있으면 기분이 좋아진다. |
| **당첨**<br>[당첨] | 몡 **winning (a prize)** / (宝くじに) 当たるンと / 中奖<br>당첨되다<br>…에 당첨되다<br>• 만약에 복권에 당첨된다면 세계 여행을 하고 싶다.<br>• 한국 사람들은 돼지가 꿈에 나오면 복권에 당첨된다고 믿는다. |
| **따라오다**<br>[따라오다] | 동 **follow** / 付いてくる / 跟上来<br>• 선생님께서 시험 결과를 알려주겠다면서 따라오라고 하셨다.<br>• 제가 길을 가르쳐 드릴 테니까 저를 따라오세요. |
| **떨어지다**[01]<br>[떠러지다] | 동 **fail (in)** / 落ちる / 落榜<br>• 한국 사람들은 시험 전에 미역국을 먹으면 시험에 떨어진다고 생각한다.<br>• 미영 씨는 시험에 떨어지지 않기 위해 매일 밤늦도록 공부한다. |

**맞다**[02]
[맏따]

⑧ get (rained, snowed) on / 降られる / 淋
- 아이들은 눈을 맞으면서 눈싸움을 하고 논다.
- 나는 비를 맞는 것을 좋아해서 가끔 우산을 쓰지 않고 걷는다.

**오르다**
[오르다]

⑧ rise / 上がる / 增长, 上升
- 등록금이 올라서 부모님들이 걱정하고 있다.
- 오전에는 좀 쌀쌀하겠지만 오후에는 기온이 크게 올라서 따뜻해지겠습니다.

**풀다**[01]
[풀다]

⑧ solve / 解く / 答 (题), 解决 (问题)
- 시간이 모자라서 시험 문제를 다 풀지 못했다.
- 나는 친구랑 문제가 생기면 대화로 푼다.

# TOPIK 추천 어휘

**남녀노소**
[남녀노소]

⑬ men and women of all ages / 老若男女 / 男女老少
- 그 가수는 남녀노소 모두 좋아합니다.
- 이번 대회에는 남녀노소 누구나 참가하실 수 있습니다.

**미만**
[미만]

⑬ under (age, number) / 未満 / 未满
- 이 놀이 기구는 5세 미만의 아이들만 탈 수 있다.
- 이 박물관은 하루 100명 미만의 관람객만 들어갈 수 있다.

**주요**
[주요]

⑬ main / 主要 / 主要
- 우리 회사의 주요 고객은 30세 미만의 여성들이다.
- 나는 매일 아침 주요 뉴스를 컴퓨터로 찾아본다.

**찾아가다**
[차자가다]

동 find, visit / 訪ねる / 找, 拜访
- 처음 가는 곳이라서 지도를 보면서 길을 찾아갔다.
- 리포트를 내려고 교수님의 연구실에 찾아갔다.

**깊이**
[기피]

부 deeply / 深く / 深度, 深入, 深深地
- 어떤 일을 시작할 때 할 수 있을지 깊이 생각해 보는 것이 좋다.
- 두 사람은 서로 깊이 사랑하는 사이이다.

**언젠가**
[언젠가]

부 some time ago, someday / いつか / 总有一天, 什么时候
- 지금은 헤어지지만 언젠가 다시 만날 수 있을 거예요.
- 우리 언젠가 만난 적이 있는 것 같아요.

✳ [1-3] 다음 설명에 알맞은 단어를 〈보기〉에서 찾아 쓰십시오.

보기

| 취업 | 의견 | 비서 | 추억 | 남녀노소 |

1 남자와 여자, 나이가 많은 사람과 젊은 사람 모두　　　　　　（　　　　　　）
2 어떤 일이나 문제에 대한 사람들의 여러 가지 생각　　　　　（　　　　　　）
3 출근할 수 있는 직장이 생기는 일　　　　　　　　　　　　　（　　　　　　）

✳ 다음 빈칸에 공통으로 들어갈 단어를 〈보기〉에서 골라 '기본형'으로 쓰십시오.

보기

| 오르다 | 줄이다 | 끌다 | 맞다 |

4 아파트의 엘리베이터가 고장이 나서 계단으로 (　　　　　　　　) 가야 한다.

　 우리 학교 등록금은 작년보다 30만 원이 (　　　　　　　　).

　 한국은 여름에 기온이 33도까지 (　　　　　　　) 때가 있다.

　　　　　　　　　　　　　　　　　　　　　　　　＿＿＿＿＿＿＿＿＿＿

✳ [5-9] 다음 빈칸에 들어갈 단어를 〈보기〉에서 골라 알맞게 쓰십시오.

보기

| 기능 | 수술 | 자신감 | 당첨되다 | 한참 | 고민하다 |

5 여러분이 산 복권이 ＿＿＿＿＿＿ –(으)면 가장 하고 싶은 것이 무엇입니까?

6 한국어로 한국 친구와 자주 이야기하다 보니까 ＿＿＿＿＿＿ 이/가 생겨서 지금은
　 한국 사람과 이야기할 때 당황하지 않는다.

7 요즘 많은 대학생들이 취업이나 등록금 문제 때문에 ＿＿＿＿＿＿ –고 있다.

8 처음 가는 곳이어서 찾아가는 데에 ＿＿＿＿＿＿ 걸렸다.

9 요즘 휴대 전화는 ＿＿＿＿＿＿ 이/가 많아서 편리하다.

Day
2 2

✔ 21일 단어 체크

| | | | | | | | | | |
|---|---|---|---|---|---|---|---|---|---|
| 뽑다 | ☐ | 취업 | ☐ | 줄이다 | ☐ | 혹시 | ☐ | 기능 | ☐ |
| 끌다 | ☐ | 의견 | ☐ | 수술 | ☐ | 풀다 | ☐ | 따라오다 | ☐ |
| 자신감 | ☐ | 부드럽다 | ☐ | 당첨 | ☐ | 맞다 | ☐ | 한참 | ☐ |
| 깊이 | ☐ | 미만 | ☐ | 언젠가 | ☐ | 찾아가다 | ☐ | | |

TOPIK 필수 어휘

**관광객**
[관광객]

명 tourist / 観光客 / 游客
- 명동에는 쇼핑을 목적으로 한국에 온 외국인 관광객이 많다.
- 이곳은 여름에 비해서 겨울에 관광객이 더 많다.

**문자**
[문짜]

명 letter, text message / 文字 / 文字
- 우리에게 문자가 없었다면 이렇게 글을 쓸 수 없었을 것이다.
- 요즘 나는 전화를 걸지 않고 문자 메시지를 보내는 일이 더 많다.

**어려움**
[어려움]

명 difficulty / 難しさ / 困难
- 대부분의 외국인들은 한국어 높임말을 사용할 때 어려움을 느낀다.
- 일이 복잡해서 해결하는 데에 어려움이 있다.

**휴대**
[휴대]

명 carrying / 携帯 / 携带
휴대하다

- 이 노트북은 가벼워서 휴대가 편하다.
- 비행기를 탈 때는 칼, 가위와 같은 위험한 물건을 휴대하면 안 된다.

**이미**
[이미]

튀 already / もう / 已经
• 표가 이미 다 팔려서 영화를 볼 수 없었다.
• 내가 약속 장소에 도착했을 때 친구는 이미 가고 없었다.

TOPIK 중요 어휘

**경기**
[경기]

명 game / 競技 / 比赛
• 오늘 축구 경기는 비 때문에 취소되었다.
• 이번 야구 경기에서 어느 팀이 이길 것 같습니까?

**단점**
[단쩜]

명 weakness / 短所 / 缺点
관 장단점
반 장점

• 이 회사는 월급이 많은 것은 장점이지만 늦게까지 일하는 것은 단점이다.
• 미영 씨의 단점은 약속에 자주 늦는 것이다.

**도로**
[도로]

명 road / 道路 / 道路
• 집 앞에 자전거 도로가 생겨서 자전거를 이용하기가 편하다.
• 휴일이라서 그런지 도로에 자동차가 한 대도 없다.

**반성**
[반성]

명 self-reflection / 反省 / 反省
반성하다

• 내가 잘못한 일에 대해서 반성을 하고 있다.
• 깊이 반성하고 있으니 용서해 주십시오.

**변명**
[변명]

명 excuse / 言い訳, 弁解 / 借口
변명하다

• 미영 씨는 학교에 지각할 때마다 차가 막혔다는 변명을 한다.
• 변명 같지만 정말 아파서 그곳에 못 갔어요.

22

23

| | |
|---|---|
| **인기**<br>[인끼] | 명 **popularity** / 人気 / 人气<br>• 그 노래는 인기가 아주 많아서 모르는 사람이 없을 정도이다.<br>• 이 제품은 가격도 싸고 모양도 예뻐서 대학생들에게 특히 인기가 많다. |
| **차례**<br>[차례] | 명 **order, table of contents** / 順番, 目次 / 次序, 目录<br>⑲ 순서<br>• 면접을 보기 위해서 사람들이 앉아서 차례를 기다리고 있다.<br>• 책 앞에 있는 차례를 보면 그 책에 어떤 내용이 있는지 알 수 있다. |
| **출입**<br>[추립] | 명 **access (to)** / 出入り / 出入<br>출입하다<br>• 문 앞에 '출입 금지'라는 안내문이 있어서 들어가지 못했다.<br>• 한국에서는 19세 미만은 술집에 출입할 수 없습니다. |
| **행운**<br>[행운] | 명 **luck** / 幸運 / 幸运<br>• 날씨가 계속 추웠는데 우리가 여행을 가는 날 따뜻해져서 정말 행운이었다.<br>• 미국 2달러 지폐를 가지고 다니면 행운이 온다는 이야기가 있다. |
| **화면**<br>[화면] | 명 **screen** / 画面 / 屏幕<br>• 이 휴대 전화는 화면이 커서 동영상을 볼 때 편하다.<br>• 컴퓨터 화면이 고장이 나서 보이지 않는다. |
| **똑같다**<br>[똑깓따] | 형 **same** / 全く同じだ / 一模一样<br>• 나와 동생은 전화 목소리가 똑같아서 목소리만으로는 누구인지 잘 모른다.<br>• 두 사람은 쌍둥이여서 얼굴은 똑같지만 성격은 아주 다르다. |
| **부럽다**<br>[부럽따] | 형 **envious (of)** / うらやましい / 羡慕<br>• 나는 노래를 잘 못해서 노래를 잘 부르는 윤오가 부럽다.<br>• 나는 친구들에게 인기가 많은 미영 씨가 부럽다. |
| **끊어지다**<br>[끄너지다] | 동 **be cut, lose contact with** / 切れる, とだえる / 断<br>• 오랫동안 사용하던 가방 줄이 끊어져서 가방을 새로 샀다.<br>• 예전에 친하게 지내던 친구와 연락이 끊어졌는데 어떻게 지내는지 궁금하다. |

| 구하다[01] | 동 **look for** / 求める / 找 (房), 招 (人) |
|---|---|
| [구하다] | 유 찾다 |

- 이사할 집을 구하기 위해서 부동산에 갔다.
- 우리 가게는 저녁 7시부터 10시까지 일할 사람을 구하고 있다.

| 드리다 | 동 **give (honorific)** / 差し上げる / 给 (敬语) |
|---|---|
| [드리다] | |

- 어머니 생신 선물로 꽃을 드렸다.
- 부모님께서 걱정하시니까 자주 전화를 드리세요.

| 보다 | 동 **take care of** / 世話をする, 面倒を見る / 照看 |
|---|---|
| [보다] | |

- 맞벌이를 하고 있어서 아이를 봐 줄 사람이 필요하다.
- 급한 일이 생겨서 언니에게 아이를 좀 봐 달라고 부탁했다.

| 지키다[02] | 동 **keep** / 守る / 保持, 保守 |
|---|---|
| [지키다] | |

- 건강을 지키기 위해서는 규칙적으로 운동을 하는 것이 좋다.
- 그 친구는 입이 무거워서 비밀을 잘 지킨다.

TOPIK 추천 어휘

| 불만 | 명 **complaint** / 不満 / 不满 |
|---|---|
| [불만] | |

- 나는 내 룸메이트가 늦게 들어오는 것이 불만이다.
- 불만이 계속 쌓이면 나중에는 해결하기 힘드니까 마음에 안 드는 점을 그때그때 이야기하세요.

| 자격 | 명 **qualification** / 資格 / 资格, 身份 |
|---|---|
| [자격] | 관 자격증 |

- 이번 영어 시험에 합격해서 졸업할 자격을 얻었다.
- 윤오 씨는 한국 대표 학생 자격으로 미국에 갔다.

| 후보<br>[후보] | 몡 candidate / 候補 / 候选人, 候补 |
|---|---|
| | • 그 사람은 4명의 대통령 후보 중 한 사람이다. |
| | • 오늘 우리와 경기를 할 팀은 이번 대회의 우승 후보이다. |

| 기쁘다<br>[기쁘다] | 톙 glad / うれしい / 高兴 |
|---|---|
| | 뺜 슬프다 |
| | • 이번 시험에서 1등을 해서 너무 기쁘다. |
| | • 시험에 합격한 것이 기뻐서 잠이 오지 않는다. |

| 밟다<br>[밥따] | 동 step on / 踏む / 踩 |
|---|---|
| | • 복잡한 지하철에서는 다른 사람의 발을 밟지 않도록 조심해야 한다. |
| | • 시계를 걸기 위해서 책상을 밟고 올라갔다. |

| 심다<br>[심따] | 동 plant / 植える / 栽种 |
|---|---|
| | • 한국에서 4월 5일 '식목일'은 나무를 심는 날이다. |
| | • 윤오 씨가 정원에 꽃을 심고 있다. |

| 지나다<br>[지나다] | 동 pass / 過ぎる / 过 |
|---|---|
| | • 약속 시간이 1시간이나 지났는데 친구가 오지 않아서 그냥 집으로 왔다. |
| | • 그 사람이 한국을 떠난 지 한 달이 지났다. |

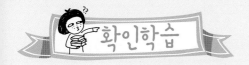

✳ [1-3] 다음 설명에 알맞은 단어를 〈보기〉에서 찾아 쓰십시오.

> 보기
>
> | 단점 | 휴대 | 자격 | 출입 |
> |---|---|---|---|

1 어떤 것의 좋지 않은 특징                    (          )
2 손에 들거나 항상 가지고 다님.               (          )
3 어떤 장소에 들어가거나 나감.                (          )

✳ [4-5] 다음 빈칸에 공통으로 들어갈 단어를 〈보기〉에서 골라 '기본형'으로 쓰십시오.

> 보기
>
> | 지키다 | 구하다 | 지나다 | 보다 |
> |---|---|---|---|

4 신호를 (              ) 않아서 교통사고가 났다.

  이것은 비밀이니까 꼭 (              ) 주세요.

  하루에 15분씩 걷기만 해도 건강을 (              ) 수 있다.

  _____

5 제가 집에 없는 동안 우리 아이를 좀 (              ) 주시겠어요?

  오늘 시험이 끝났지요? 시험은 잘 (              )?

  _____

✳ [6-9] 다음 빈칸에 들어갈 단어를 〈보기〉에서 골라 알맞게 쓰십시오.

> 보기
>
> | 변명하다 | 구하다 | 지나다 | 끊어지다 | 반성하다 |
> |---|---|---|---|---|

6 잘못을 했으면 _____ -지 말고 사과를 해야지요.

7 인터넷에서 주문한 물건이 주문한 지 일주일이 _____ -도록 도착하지 않는다.

8 나는 대학교를 졸업하고 직장을 _____ -고 있다.

9 미영 씨와 연락이 _____ -(으)ㄴ 지 벌써 1년이나 되었다.

Day 23

✓ 22일 단어 체크

| 변명 | ☐ | 경기 | ☐ | 부럽다 | ☐ | 똑같다 | ☐ | 밟다 | ☐ |
| 이미 | ☐ | 지나다 | ☐ | 자격 | ☐ | 관광객 | ☐ | 지키다 | ☐ |
| 휴대 | ☐ | 어려움 | ☐ | 단점 | ☐ | 불만 | ☐ | 행운 | ☐ |

## TOPIK 필수 어휘

**관리**
[괄리]

명 management / 管理 / 管理

관리하다 / 관리되다

- 용돈이 부족하지 않도록 관리를 잘해야 한다.
- 아파트의 경비 아저씨는 아파트를 관리하는 일을 하고 있다.

**변화**
[변화]

명 change / 変化 / 变化

변화하다 / 변화되다

- 2009년부터 2012년까지 음료수 판매량의 변화를 조사해 보았다.
- 직장인들의 점심 식사 문화가 점점 변화하고 있다.

**삶**
[삼]

명 life / 人生 / 生活

- 사람들은 누구나 행복한 삶을 살기를 원한다.
- 휴대 전화 때문에 사람들의 삶도 점점 편리해지고 있다.

**상황**
[상황]

명 situation / 状況 / 情况

- 등산을 할 때는 위험한 상황이 생길 수도 있으니까 항상 조심해야 한다.
- 환경 오염이 점점 심해지고 있어서 우리 모두의 노력이 필요한 상황이다.

**주장**
[주장]

명 insistence / 主張 / 主张

주장하다

- 자신의 주장을 말할 때는 자신감이 있는 목소리로 말하는 것이 좋다.
- 미영 씨는 아이들이 너무 어린 나이에 유학을 가는 것은 좋지 않다고 주장했다.

**편안하다**
[펴난하다]

형 comfortable / 安らかだ / 舒服

- 주말에는 편안한 옷차림으로 외출을 하는 사람들이 많다.
- 거짓말을 해서 엄마에게 혼날까 봐 걱정했는데 사실대로 말하고 나니까 마음이 편안해졌다.

**이루다**
[이루다]

동 achieve / 遂げる / 实现

- 나는 나의 꿈을 이루기 위해 열심히 노력하고 있다.
- 미영 씨는 좋아하는 가수에게 사인을 받겠다는 목적을 이루고 집으로 돌아갔다.

**뽑다**[02]
[뽑따]

동 elect / 選ぶ / 选出

- 새 학기가 되어서 우리 반의 반장을 뽑았다.
- 이번 선거에서 내가 뽑은 사람이 대통령이 되었다.

TOPIK 중요 어휘

**게시판**
[게시판]

명 bulletin board / 掲示板 / 揭示牌, 公告板

관 알림판

- 이번 주 문화 체험에 대한 안내문이 게시판에 붙어 있다.
- 대학 입학에 필요한 서류는 홈페이지 게시판을 보면 알 수 있다.

**덕분**
[덕뿐]

명 thanks to / おかげ / 托福

- 늦을까 봐 걱정했는데 친구가 일찍 전화를 해 준 덕분에 늦지 않았다.
- 걱정해 주신 덕분에 이번 일이 잘 해결되었습니다.

| 분리<br>[불리] | 몡 seperation, classification / 分離 / 分离 |
|---|---|

**분리하다 / 분리되다**

- 환경을 지키기 위해서 쓰레기는 꼭 분리해서 버려야 한다.
- 휴대 전화를 떨어뜨리는 바람에 휴대 전화와 배터리가 분리되어 버렸다.

| 성별<br>[성별] | 몡 sex / 性別 / 性别 |
|---|---|

- 그 일을 하는 데에는 성별이 중요하지 않다.
- 이 서류에 나이, 성별, 주소를 써 주세요.

| 심부름<br>[심부름] | 몡 errand / お使い / 跑腿儿 |
|---|---|

**심부름하다**

- 엄마가 과일을 사 오라는 심부름을 시키셨다.
- 선생님께서 시키신 대로 각 반 선생님께 서류를 갖다 드리는 심부름을 했다.

| 주인<br>[주인] | 몡 owner / 主人 / 房东, 主人 |
|---|---|

- 나는 매달 15일에 집 주인에게 월세를 보낸다.
- 지갑을 주웠을 때 우체통에 넣으면 주인을 찾아 줄 수 있다.

| 재산<br>[재산] | 몡 property / 財産 / 财产 |
|---|---|

- 할아버지는 자신의 전 재산을 부모가 없는 아이들에게 나누어 주셨다.
- 그 사람은 열심히 일을 해서 재산을 많이 모았다.

| 치료<br>[치료] | 몡 treatment / 治療 / 治疗 |
|---|---|

**치료하다 / 치료되다**

- 암에 걸린 할머니는 매달 한 번씩 병원에 가서 치료를 받고 계신다.
- 요즘은 좋은 약이 많아서 치료하기 어려운 병이 없다고 한다.

| 굽다<br>[굽따] | 동 roast / 焼く / 烤 |
|---|---|

- 생선을 구웠더니 집안에서 생선 냄새가 난다.
- 밖에 나와서 고기를 구워 먹으니 더 맛있다.

| 뛰다<br>[뛰다] | 图 run / 走る / 跑 |
|---|---|

- 약속 시간에 늦어서 빨리 가기 위해 뛰었다.
- 계단에서 뛰어 내려오다가 넘어져서 다리를 다쳤다.

**모시다**
[모시다]

图 take (honorific) / お連れする / 陪 (敬语)

- 부모님을 모시고 남산을 구경하러 갔다.
- 회의를 시작해야 하니까 부장님을 모시고 오세요.

**부러워하다**
[부러워하다]

图 envy / うらやむ / 羨慕

- 윤오 씨가 이번 학기에 또 장학금을 받는다는 이야기를 듣고 친구들이 부러워했다.
- 미영 씨는 모두가 부러워할 만한 대기업에 취직했다.

**새우다**
[새우다]

图 stay up all night / (夜を) 明かす / 熬夜

- 시험을 준비하느라고 며칠 동안 밤을 새웠더니 정말 피곤하다.
- 윤오는 어제 밤을 새워서 졸린다고 하면서 퇴근했다.

**일어나다**02
[이러나다]

图 occur / 起る / 发生

…이/가 일어나다

- 주차 문제 때문에 싸움이 일어났다.
- 근처에서 일어난 교통사고 때문에 길이 많이 막힌다.

**풀다**02
[풀다]

图 relieve stress, blow off steam / 解く / 解 (气, 压力)

- 화가 많이 났지만 미영 씨가 사과를 해서 화를 풀었다.
- 나는 스트레스를 받으면 노래를 하면서 스트레스를 푼다.

TOPIK 추천 어휘

**강조**
[강조]

图 emphasis (on) / 強調 / 强调

강조하다 / 강조되다

- 할아버지는 아이들에게 절약의 중요성에 대해 강조를 하셨다.
- 선생님은 수업 시간에 중요한 내용을 다시 한 번 강조하셨다.

| 주관적 | 명 subjective / 主観的 / 主观的 |
| [주관적] | 반 객관적 |

- 주장하는 글은 대부분 자신의 주관적인 의견을 표현하는 글이다.
- 그 일에 대해서 주관적으로 평가하지 마세요.

| 불쾌하다 | 형 unpleasant / 不快だ / 不快 |
| [불쾌하다] | |

- 공공장소에서 예절을 지키지 않는 사람들을 보면 정말 불쾌해요.
- 지하철 옆 자리에 앉은 사람에게서 담배 냄새가 많이 나서 불쾌했다.

| 섭섭하다 | 형 disappointed / 残り惜しい / 心里不好受, 舍不得 |
| [섭써파다] | 유 서운하다 |

- 친구들이 나만 빼고 저녁을 먹으러 가서 정말 섭섭했다.
- 졸업 후에는 친구들을 자주 만나기가 어렵다고 생각하니까 좀 섭섭하다.

| 창피하다 | 형 embarrassed / 恥ずかしい / 丢脸 |
| [창피하다] | |

- 서두르다가 내가 좋아하는 윤오 씨 앞에서 넘어져서 정말 창피했다.
- 책을 읽다가 '신촌'을 '시청'이라고 잘못 발음해서 좀 창피했다.

| 그치다 | 동 stop (rain, crying) / 止む / 止住, 停止 |
| [그치다] | …이/가 그치다 |

- 어제부터 내리던 비는 오늘 오후에 그치겠습니다.
- 옆집 아기가 밤새도록 울음을 그치지 않아서 잠을 자지 못했다.

| 힘내다 | 동 keep the steam up / 力を出す / 出力, 加油 |
| [힘내다] | |

- 힘들어도 조금만 더 힘내세요.
- 시험에 떨어져서 우울했는데 윤오 씨가 힘내라고 하면서 저녁을 사 주었다.

확인학습

✻ [1~3] 다음 설명에 알맞은 단어를 〈보기〉에서 찾아 쓰십시오.

보기

| 재산 | 성별 | 게시판 | 치료 | 상황 | 변화 |

1  아픈 사람을 낫게 하는 것                    (          )
2  돈, 집, 자동차 등을 말하는 것                (          )
3  무언가 알려주고 싶은 것이 있을 때 활용하는 것   (          )

✻ [4~6] 다음 빈칸에 공통으로 들어갈 단어를 〈보기〉에서 골라 '기본형'으로 쓰십시오.

보기

| 모시다 | 뽑다 | 풀다 | 일어나다 | 그치다 |

4  오늘 아침에 (            ) 일을 본 대로 이야기해 주십시오.
   오늘은 친구들과 놀러 가기로 해서 아침 일찍 (            )

   _____

5  윤오 씨는 치과에 가서 이를 (            )
   학생들은 윤오를 우리 반 반장으로 (            )

   _____

6  이번 시험은 어려워서 문제를 (            ) 힘들었다.
   스트레스를 (            ) 위해 여행을 갔다.

   _____

✻ [7~10] 다음 빈칸에 들어갈 단어를 〈보기〉에서 골라 알맞게 쓰십시오.

보기

| 편안하다 | 새우다 | 섭섭하다 | 창피하다 | 힘내다 | 불쾌하다 |

7  어제 게임을 하다가 밤을 _____ –아/어서 오늘 힘들어요.
8  좋아하는 사람 앞에서 실수했을 때 가장 _____ –아/어요.
9  친구들이 모두 고향으로 돌아가서 _____ –았/었다.
10 엄마는 거의 다 왔으니까 조금만 더 _____ –(으)라고 하셨다.

145

Day 24

✔ 23일 단어 체크

| 덕분 | ☐ | 변화 | ☐ | 뽑다 | ☐ | 주관적 | ☐ | 힘내다 | ☐ |
| 편안하다 | ☐ | 그치다 | ☐ | 섭섭하다 | ☐ | 삶 | ☐ | 풀다 | ☐ |
| 뛰다 | ☐ | 일어나다 | ☐ | 모시다 | ☐ | 창피하다 | ☐ | 이루다 | ☐ |

## TOPIK 필수 어휘

**가난**
[가난]

명 poverty / 貧乏 / 穷

가난하다

• 그 사람은 집이 가난해서 어릴 때부터 일을 했다.
• 가난하다고 해서 불행한 것은 아니다.

**기대**
[기대]

명 expectation / 期待 / 期待

기대하다 / 기대되다

• 그 공연은 기대한 것과 달리 실망스러웠다.
• 우리는 여행 갈 날을 기대하고 있다.

**실시**
[실씨]

명 carrying out / 實施 / 实施, 进行

실시하다 / 실시되다

㉴ 실행

• 오늘 오후 3시에 취업 설명회를 실시합니다.
• 졸업을 앞둔 대학생들의 고민에 대해 조사를 실시했다.

| | |
|---|---|
| **연구**<br>[연구] | 명 study / 研究する / 研究<br>연구하다 / 연구되다<br><br>• 그 의사는 10년 동안 암에 대해 연구했다.<br>• 리밍 씨는 대학원에서 한국어와 중국어 문법을 비교하는 연구를 하고 있다. |
| **자녀**<br>[자녀] | 명 children / 子女, 子供 / 子女<br>관 자식<br><br>• 부모님들은 자녀를 위해서 열심히 일하신다.<br>• 부모와 자녀 사이에는 항상 대화가 필요하다. |
| **작가**<br>[작까] | 명 writer / 作家 / 作家<br>• 그 작가가 쓴 소설을 내년에 영화로 만든다고 한다.<br>• 미선 씨는 작가가 되기 위해서 어릴 때부터 글쓰기 연습을 했다고 한다. |
| **작품**<br>[작품] | 명 work (of art) / 作品 / 作品<br>• 이번 미술 전시회에서는 해외의 유명한 작품들을 직접 볼 수 있습니다.<br>• 그 작가가 발표한 이번 작품의 주제는 남녀 사이의 우정이다. |
| **참여**<br>[차며] | 명 participation / 参加, 参与 / 参与<br>참여하다<br><br>• 어려운 사람들을 돕기 위해서는 많은 분들의 참여가 필요합니다.<br>• 오늘 방송에 참여해 주신 분들께 감사의 말씀 드립니다. |

24
25

TOPIK 중요 어휘

| | |
|---|---|
| **물가**<br>[물까] | 명 price / 物価 / 物价<br>• 요즘 물가가 많이 올라서 생활을 하기가 힘들다.<br>• 세계에서 물가가 제일 비싼 나라는 스위스라고 들었다. |

| 미래 [미래] | 명 future / 未来 / 未来 |
| --- | --- |

관 과거, 현재

- 10년 뒤 자신의 미래가 어떨지 생각해 보십시오.
- 이미 지나간 일에 대해서 후회하지 말고 미래를 준비하세요.

| 미소 [미소] | 명 smile / ほほえみ / 微笑 |
| --- | --- |

- 잠자는 아기의 얼굴을 보면서 엄마가 미소를 지었다.
- 미영 씨는 아무리 힘들어도 미소를 잃지 않는다.

| 바닥 [바닥] | 명 the ground / 底 / 地, 地面 |
| --- | --- |

- 바닥이 미끄러워서 넘어졌다.
- 의자가 없어서 그냥 바닥에 앉았다.

| 얼음 [어름] | 명 ice / 氷 / 冰 |
| --- | --- |

- 음료수에 얼음을 넣으니까 시원하다.
- 물이 얼어서 얼음이 생겼다.

| 일회용품 [일회용품] | 명 disposable products / 使い捨て用品 / 一次性用品 |
| --- | --- |

- 일회용품을 사용하면 편리하지만 환경에 좋지 않다.
- 일회용품 사용을 줄이십시오.

| 전국 [전국] | 명 the whole country / 全国 / 全国 |
| --- | --- |

- 오늘은 전국에 있는 모든 고등학생들이 대학교 입학시험을 보는 날이다.
- 이번 축구 경기는 전국에 방송된다고 합니다.

| 회식 [회식] | 명 get-together / 会食 / 会餐 |
| --- | --- |

회식하다

- 회사 직원들이 모여서 저녁에 회식을 했다.
- 신입 사원들을 환영하기 위해서 이번 주말에 회식을 하기로 했다.

| 서투르다 [서투르다] | 형 unskilled / 下手だ / 不熟练 |
| --- | --- |

- 한국에 처음 왔을 때 한국말이 서툴러서 실수를 많이 했다.
- 미영 씨는 운전이 서툴러서 운전을 할 때마다 긴장을 한다.

**구하다**<sup>02</sup>
[구하다]

통 save (somebody) / 救う, 救助する / 救

• 그 남자는 아이를 구하기 위해 불이 난 집 안으로 들어갔다.
• 윤오 씨는 길에서 사고가 날 뻔한 사람을 구했다.

**때리다**
[때리다]

통 hit / 殴る / 打

• 그때는 너무 화가 나서 친구를 때렸는데 지금은 후회가 된다.
• 아무리 화가 나도 아이를 때리면 안 된다.

**미루다**
[미루다]

통 put off / 延期する, 持ち越す / 拖延

• 오늘 할 일을 내일로 미루는 습관은 좋지 않다.
• 오늘 급한 일이 생겨서 약속을 내일로 미뤘다.

**뱉다**
[뱉따]

통 spit / 吐く / 吐出来

• 길에 침을 뱉지 마세요.
• 먹다가 음식 맛이 이상해서 뱉었다.

24

25

TOPIK 추가 어휘

**구별**
[구별]

명 distinction / 区別 / 区別

구별하다 / 구별되다

• 두 제품이 너무 비슷해서 어느 것이 진짜인지 구별하기 힘들다.
• 미영 씨와 미연 씨는 쌍둥이어서 다른 사람들이 쉽게 구별하지 못한다.

**맨손**
[맨손]

명 bare hands / 素手 / 空手

• 아침에 일어나자마자 맨손 체조를 하면 건강에 좋다.
• 설거지를 할 때 맨손으로 하지 말고 장갑을 끼고 하세요.

**무게**
[무게]

명 weight / 重さ / 重量

• 비행기를 탈 때 짐의 무게가 20kg을 넘으면 요금이 추가된다.
• 이 노트북은 무게가 가벼워서 들고 다니기에 좋다.

| 소극적<br>[소극쩍] | 명 passive / 消極的 / 消极 |
|---|---|
| | 반 적극적 |
| | • 나는 소극적인 성격 때문에 처음 보는 사람과 대화하기가 힘들다. |
| | • 너는 왜 이 일에 소극적이야? 관심이 없는 거야? |

| 의논<br>[의논] | 명 discussion / 議論, 話し合い / 讨论 |
|---|---|
| | 의논하다 |
| | • 이번 축제에서 무엇을 할지 친구들과 모여서 의논을 했다. |
| | • 남편이 나와 의논도 없이 직장을 그만둬서 화가 났다. |

| 부끄럽다<br>[부끄럽따] | 형 ashamed / 恥ずかしい / 害羞 |
|---|---|
| | • 나는 좋아하는 사람 앞에서 말을 하는 것이 너무 부끄럽다. |
| | • 나는 거짓말을 한 내 자신이 너무 부끄러워 고개를 숙였다. |

| 확실하다<br>[확씰하다] | 형 sure / 確かだ / 确实 |
|---|---|
| | • 그 사람이 내 물건을 가져간 것이 확실하다. |
| | • 정말 이 금액이 확실해요? 너무 비싼 거 아니에요? |

| 끝내다<br>[끈내다] | 동 finish / 終える / 结束, 完成 |
|---|---|
| | • 이 일을 끝내야 퇴근할 수 있다. |
| | • 그 일은 몇 시까지 끝낼 수 있습니까? |

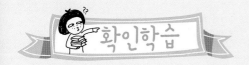

※ [1~3] 다음 설명에 알맞은 단어를 〈보기〉에서 찾아 쓰십시오.

> 보기
>
> 맨손　　　　서투르다　　　　의논하다　　　　회식　　　　일회용품　　　　작가

**1** 한 번만 사용하고 버리도록 만든 물건　　　　　　　　　　（　　　　　　　）

**2** 일이 익숙하지 않아 잘하지 못하다.　　　　　　　　　　（　　　　　　　）

**3** 여러 사람이 함께 모여 음식을 먹음.　　　　　　　　　（　　　　　　　）

**4** 글을 쓰는 사람　　　　　　　　　　　　　　　　　　（　　　　　　　）


※ [5~8] 다음 빈칸에 들어갈 단어를 〈보기〉에서 골라 알맞게 쓰십시오.

> 보기
>
> 기대　　　　때리다　　　　미루다　　　　확실하다　　　　물가　　　　의논하다

**5** 윤오 씨는 취직 문제에 대해서 부모님과 _____ -았/었다.

**6** _____ 이/가 크면 실망도 큰 법이다.

**7** 유럽은 우리나라에 비해서 _____ 이/가 많이 비싼 편이다.

**8** 미영 씨가 이번 모임에 나온다고 _____ -게 이야기했다.


※ 다음 빈칸에 공통으로 들어갈 단어를 〈보기〉에서 골라 '기본형'으로 쓰십시오.

> 보기
>
> 구하다　　　　참여하다　　　　실시하다　　　　뱉다

**9** 아파트 3층에서 떨어지는 아이를 지나가던 사람이 (　　　　　　　).

이번에 새로 (　　　　　　　) 집은 주변에 공원이 있어서 좋다.

게시판에서 중국어를 가르쳐 줄 사람을 (　　　　　　　) 광고를 봤다.

Day
2 5

✓ 24일 단어 체크

| 작품 | ☐ | 연구 | ☐ | 물가 | ☐ | 구하다 | ☐ | 맨손 | ☐ |
| 가난 | ☐ | 기대 | ☐ | 일회용품 | ☐ | 뱉다 | ☐ | 구별 | ☐ |
| 참여 | ☐ | 미래 | ☐ | 전국 | ☐ | 끝내다 | ☐ | 확실하다 | ☐ |
| 실시 | ☐ | 서투르다 | ☐ | 미루다 | ☐ | 소극적 | ☐ | 의논 | ☐ |

TOPIK 빈출 어휘

## 보호
[보호]

몡 protection / 保護 / 保护

보호하다 / 보호되다

• 어린이를 보호하기 위해서는 자동차의 뒷자리에 앉혀야 한다.
• 우리의 자녀들을 깨끗한 환경에서 살게 하기 위해서는 우리가 환경을 보호해야 한다.

## 업무
[엄무]

몡 work / 業務, 仕事 / 业务

㉴ 일

• 내 업무는 외국인 관광객을 안내하는 일이다.
• 은행 업무 시간은 오전 9시 반부터 오후 4시까지이다.

## 원인
[워닌]

몡 cause / 原因 / 原因

㉴ 이유
㉯ 결과

• 선생님께서 환경오염의 원인과 결과에 대해 조사해 오라고 하셨다.
• 경찰은 이번 교통사고의 원인을 아직 알 수 없다고 했다.

| 증가 | 명 increase / 增加 / 增加 |
|---|---|
| [증가] | 증가하다 / 증가되다 |

반 감소 / 감소하다
관 늘다

- 성형수술을 하기 위해서 한국에 오는 외국인이 증가하고 있다.
- 요즘 취업을 하기 어려워지자 공무원이 되려고 공부하는 학생들이 증가하고 있다.

| 참석 | 명 attendance / 参加, 出席 / 参加 |
|---|---|
| [참석] | 참석하다 |

- 나는 회의에 참석하기 위해 부산으로 갔다.
- 내일은 친한 친구의 결혼식에 참석해야 한다.

| 행동 | 명 behavior / 行動 / 行動 |
|---|---|
| [행동] | 행동하다 |

- 말과 행동이 다른 사람은 믿음을 주지 못한다.
- 내 동생은 행동하는 것이 느려서 게으르다는 소리를 자주 듣는다.

25

26

| 효과적 | 명 effective / 効果的 / 有效 |
|---|---|
| [효과적/효꽈적] | - 이 약은 두통에 효과적이다. |

- 효과적인 다이어트 방법은 규칙적으로 운동을 하는 것이다.

TOPIK 중요 어휘

| 공통점 | 명 something in common / 共通点 / 共同点 |
|---|---|
| [공통쩜] | 반 차이점 |

- 미영 씨와 윤오 씨는 공통점이 많아서 싸우지 않고 잘 지낸다.
- 한국어와 중국어의 공통점과 차이점에 대해 써 보십시오.

| 반납 | 명 returning / 返納 / 返还 |
|---|---|
| [반납] | 반납하다 |
| | • 지난주에 도서관에서 빌린 책을 내일 반납하려고 한다. |
| | • 스케이트장에서 스케이트를 빌리면 1시간 후에 반납해야 한다. |

| 분리수거 | 명 separate garbage collection / 分別收集 / 分类回收 |
|---|---|
| [불리수거] | • 집에서 나온 쓰레기는 플라스틱, 유리, 종이 등으로 나누어 분리수거 장소에 버려야 한다. |
| | • 환경을 보호하기 위해 분리수거를 하는 습관을 가져야 한다. |

| 선택 | 명 choice / 選択 / 选择 |
|---|---|
| [선택] | 선택하다 / 선택되다 |
| | 관 고르다 |
| | • 파란색과 빨간색 중에 마음에 드는 것을 선택하세요. |
| | • 전공을 선택하기 전에 부모님과 의논해 보세요. |

| 신청 | 명 application / 申し込み / 申请 |
|---|---|
| [신청] | 신청하다 |
| | 관 신청서 |
| | • 그 수업은 인기가 많아서 아침 일찍 가서 신청해야 한다. |
| | • 입학 신청을 하기 위해 인터넷에서 신청서를 다운로드 받았다. |

| 애완동물 | 명 pets / ペット / 宠物 |
|---|---|
| [애완동물] | 관 반려동물 |
| | • 아파트에서는 애완동물을 키우면 안 된다. |
| | • 나는 지하철에 애완동물을 데리고 타는 것을 반대한다. |

| 초보 | 명 beginner / 初心者 / 初步 |
|---|---|
| [초보] | • 니콜 씨는 한 달 전부터 한국어를 배우기 시작한 초보 학습자이다. |
| | • 미영 씨는 운전을 배운 지 3개월밖에 안 된 초보 운전자이기 때문에 늘 조심한다. |

| 지루하다 | 형 boring / 退屈だ / 无聊, 漫长 |
|---|---|
| [지루하다] | • 저 영화는 재미가 없고 길어서 지루했다. |
| | • 이 교수님의 수업은 너무 지루해서 학생들이 자주 존다. |

**캄캄하다**
[캄캄하다]

혱 dark / 真っ黒だ / 漆黑, 一无所知
관 눈앞이 캄캄하다

• 불이 켜지지 않아서 방 안이 너무 캄캄하다.
• 해외여행을 갔는데 여권을 잃어버려서 눈앞이 캄캄했다.

**꾸다**[01]
[꾸다]

동 dream / (夢を) 見る / 作 (梦)

• 나쁜 꿈을 꿔서 그런지 미영이가 갑자기 일어나 울기 시작했다.
• 나는 어렸을 때부터 의사가 되어 가난하고 아픈 사람들을 돕는 꿈을 꾸었다.

**떨어지다**[02]
[떠러지다]

동 drop, fall / 下がる / 下跌, 掉落, 落 (榜)

• 갑자기 기온이 떨어져서 감기에 걸린 환자가 많다.
• 열심히 공부했지만 성적이 떨어져서 실망스럽다.

**서다**
[서다]

동 stop / 止める / 停
관 멈추다

• 엘리베이터가 갑자기 서서 깜짝 놀랐다.
• 지나가던 택시가 내 앞에 섰다.

**전하다**
[전하다]

동 convey (a message) / 伝える / 传达

• 윤오 씨가 돌아오는 대로 이 메모를 전해 주시겠습니까?
• 김 과장님이 돌아오시면 저에게 전화해 달라고 전해 주세요.

**풀리다**
[풀리다]

동 melt (away) / 解ける / 消(气儿, 压力)

• 친구가 여러 번 사과했지만 화가 풀리지 않았다.
• 노래방에 가서 큰 소리로 노래하면 스트레스가 풀린다.

TOPIK 추천 어휘

**겉모습**
[건모습]

명 appearance / 見かけ / 外表

• 겉모습만 보고 사람을 평가해서는 안 된다.
• 그 남자는 겉모습과 달리 성격이 부드럽다.

**구인**
[구인]

명 job openings / 求人 / 招工

관 구직

• 아르바이트를 할 사람을 구한다는 구인 광고를 보고 연락드렸습니다.
• 윤오 씨는 취직을 하기 위해서 매일 신문의 구인란을 본다.

**기록**
[기록]

명 record / 記録 / 记录

기록하다 / 기록되다

• 나는 하루 동안 있었던 일을 모두 수첩에 기록한다.
• 기자들은 항상 메모지와 펜을 들고 다니면서 기록하는 습관이 있다.

**내성적**
[내성적]

명 introverted / 内気, 内向的 / 内向

관 외향적

• 윤오는 어렸을 때 조용하고 내성적인 성격이었다.
• 미영이는 내성적인 성격 때문에 친구를 쉽게 사귀지 못한다.

**상영**
[상영]

명 screening (a movie) / 上映 / 上映

상영하다 / 상영되다

• 영화를 예매하기 전에 상영 시간을 확인했다.
• 그 영화관에서는 이번 주부터 새로운 영화를 상영한다.

**깨우다**
[깨우다]

동 wake (up) / 覚す, 起こす / 弄醒

• 내일은 일찍 학교에 가야 하니까 6시에 깨워 주시겠어요?
• 너무 피곤해서 어머니께서 깨우는 소리를 듣지 못하고 계속 잤다.

**덮다**
[덥따]

동 cover / かぶる / 盖上

• 감기에 걸리지 않도록 이불을 덮고 자세요.
• 음식에 먼지가 들어가지 않도록 뚜껑을 덮어 두었다.

**제대로**
[제대로]

부 properly / ちゃんと / 好好儿, 顺利

• 일을 빨리 끝내는 것보다 제대로 하는 것이 중요하다.
• 어제부터 이가 아파서 음식을 제대로 먹지 못했다.

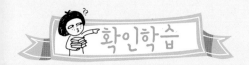

확인학습

✳ **[1–3] 다음 설명에 알맞은 단어를 〈보기〉에서 찾아 쓰십시오.**

> 보기
>
> | 상영 | 지루하다 | 참석 | 애완동물 | 분리수거 |

1  모임이나 회의에 참여하는 것　　　　　　　　　　　　(　　　　　)
2  시간이 많이 걸리거나 재미없는 상태가 오래 계속될 때의 느낌 (　　　　　)
3  좋아해서 집에서 함께 살면서 키우는 동물　　　　　　(　　　　　)

✳ **다음 빈칸에 공통으로 들어갈 단어를 〈보기〉에서 골라 '기본형'으로 쓰십시오.**

> 보기
>
> | 서다 | 꾸다 | 떨어지다 | 깨우다 |

4  책상 위에 있는 유리컵이 책상 아래로 (　　　　　　　).
　　가고 싶은 대학교의 입학 시험에 (　　　　　　　).
　　일기 예보에서 오늘 아침의 기온이 (　　　　　　　) 추울 거라고 했다.

_____

✳ **[5–8] 다음 빈칸에 들어갈 단어를 〈보기〉에서 골라 알맞게 쓰십시오.**

> 보기
>
> | 신청하다 | 공통점 | 풀리다 | 구인 | 꾸다 | 초보 |

5  노트북과 스마트폰은 인터넷을 할 수 있다는 _____ 이/가 있다.
6  나는 학교에 장학금을 _____ -(으)려고 한다.
7  나는 큰 소리로 음악을 들으면 스트레스가 _____ -ㄴ/는다.
8  저는 운전을 배운 지 한 달밖에 안 된 _____ 운전자입니다.

✳ **[9–10] 다음 밑줄 친 단어와 비슷한 의미의 단어를 쓰십시오.**

9  매년 스마트폰을 사용하는 사람의 수가 <u>늘고</u> 있다.　(　　　　　)
10 대학교에서는 자기가 듣고 싶은 과목을 마음대로 <u>골라서</u> 들을 수 있다.
　　　　　　　　　　　　　　　　　　　　　　　　　(　　　　　)

25

26

157

Day 26

✓ 25일 단어 체크

| | | | | | | | | |
|---|---|---|---|---|---|---|---|---|
| 행동 | ☐ | 보호 | ☐ | 원인 | ☐ | 참석 | ☐ | 효과적 | ☐ |
| 증가 | ☐ | 지루하다 | ☐ | 서다 | ☐ | 공통 | ☐ | 신청 | ☐ |
| 반 | ☐ | 전하다 | ☐ | 꾸다 | ☐ | 떨어지다 | ☐ | 제대로 | ☐ |
| 구인 | ☐ | 내성적 | ☐ | 기록 | ☐ | 덮다 | ☐ | | |

TOPIK 필수 어휘

---

**기회**
[기회]

명 opportunity / 機会 / 机会

…가 있다 / 없다

• 나는 한국어를 배우고 있지만 기회가 있으면 일본어도 배워 보고 싶다.
• 친구에게 사실대로 이야기를 하려고 했지만 기회가 없어서 하지 못했다.

---

**일부**
[일부]

명 part / 一部 / 一部分

유 일부분

• 주말에는 대부분의 지역이 맑겠지만 일부 지역에서는 오후에 잠깐 비가 오는 곳도 있겠습니다.
• 윤오 씨는 매달 월급의 일부를 부모님께 드린다.

---

**막다**⁰¹
[막따]

동 block / 塞ぐ / 挡, 堵塞

• 고장 난 차가 길을 막고 있어서 교통이 아주 복잡하다.
• 밤을 새워 공부를 했더니 코피가 나서 휴지로 코를 막았다.

---

**실제로**
[실쩨로]

부 actually / 実際に, 現に / 实际上

• 어제 그 여배우를 명동에서 실제로 보니까 텔레비전에서 본 것보다 예뻤다.
• 사진으로 보면 음식이 많아 보이지만 실제로 그렇지 않다.

---

**한꺼번에**

[한꺼버네]

⬚ at once / 一度に / 一下子, 一起

• 약을 한꺼번에 먹지 말고 나누어서 드세요.

• 영화가 조금 전에 끝나서 사람들이 한꺼번에 극장 밖으로 나오고 있다.

TOPIK 중요 어휘

**공장**

[공장]

명 factory / 工場 / 工厂

• 이 지역은 공장이 많아서 공기가 좋지 않다.

• 아버지께서는 자동차를 만드는 공장에서 일을 하신다.

**국제**

[국쩨]

명 international / 国際 / 国际

반 국내

• 국제 운전 면허증이 있으면 해외에서도 운전을 할 수 있다.

• 이번 국제회의에는 50개 나라의 사람들이 참석한다.

**벽**

[벽]

명 wall / 壁 / 壁

• 선생님들께서는 학생들이 만든 작품을 교실 벽에 붙였다.

• 아버지께서 시계를 벽에 거셨다.

**사생활**

[사생활]

명 privacy / 私生活, プライバシー / 私生活

• 연예인은 많은 사람들의 관심을 받는 직업이기 때문에 사생활이 없다.

• 여러 사람이 함께 사는 하숙집에서는 서로의 사생활을 지켜 줘야 한다.

**세면도구**

[세면도구]

명 toiletries / 洗面用具 / 盥洗用品

• 비누, 샴푸와 같은 세면도구는 제가 준비하겠습니다.

• 여행을 갔는데 친구가 세면도구를 준비해 오지 않아서 내 것을 빌려 주었다.

**재활용**

[재화룡]

명 recycling / 再利用, リサイクル / 可回收

재활용하다 / 재활용되다

• 종이, 캔, 유리와 같이 재활용이 가능한 쓰레기는 분리수거를 해야 한다.

• 어머니께서는 우유팩을 재활용해서 화분을 만드셨다.

| 종류<br>[종뉴] | 명 kind (of) / 種類 / 种类<br>• 동대문 시장은 옷의 가격이 쌀 뿐만 아니라 종류도 많다.<br>• 뷔페 식당에 갔는데 음식의 종류가 너무 많아서 다 먹어 보지 못했다. |

| 할인<br>[하린] | 명 discount / 割引 / 打折<br>할인하다 / 할인되다<br>• 한국에서는 교통카드로 대중교통을 이용하면 할인을 받을 수 있다.<br>• 이 옷은 3만 원인데 50%를 할인해서 1만 5천 원에 샀다. |

| 늘다<br>[늘다] | 동 increase, grow / 増える, 上がる / 增加<br>반 줄다<br>관 증가하다<br>• 환절기라서 그런지 감기 환자가 늘고 있다.<br>• 미영 씨는 열심히 공부를 하더니 중국어 실력이 많이 늘었다. |

| 떨어뜨리다<br>[떠러뜨리다] | 동 drop / 落とす / 使掉落<br>• 아주머니, 젓가락을 떨어뜨렸는데 다시 주실 수 있으세요?<br>• 미영 씨는 너무 놀라서 들고 있던 컵을 떨어뜨렸다. |

| 모으다<br>[모으다] | 동 gather, cooperate / 貯める, 集める / 攒, 集合, 聚集<br>• 미영 씨는 방학 때 친구들과 여행을 가기 위해서 돈을 모으고 있다.<br>• 우리가 힘을 모으면 더 쉽게 일을 해결할 수 있을 것이다. |

| 미끄러지다<br>[미끄러지다] | 동 slip (on) / 滑る / 滑倒<br>• 눈길을 걷다가 미끄러져서 다리를 다쳤다.<br>• 화장실이 물청소 중이니 미끄러지지 않도록 조심하십시오. |

| 부르다<br>[부르다] | 동 say, call / 歌う, 呼ぶ / 叫, 唱<br>• 제 전화번호를 불러 드릴 테니까 종이에 쓰세요.<br>• 너무 시끄러워서 친구가 부르는 소리를 듣지 못했다. |

**잇다**
[읻따]

동 connect / つなぐ / 连接
- 이 다리는 북쪽 지역과 남쪽 지역을 잇는다.
- 선물을 포장하는데 끈이 짧아서 두 개의 끈을 이어서 사용했다.

**짓다**<sup>02</sup>
[짇따]

동 make (smile, facial expression) / (表情、ほほえみ など) つくる / 做出
- 아이들이 미소 짓는 것을 보면 나도 같이 행복해지는 것 같다.
- 내 이야기를 듣고 미영 씨는 이상한 표정을 지었다.

## TOPIK 추천 어휘

**객관적**
[객꽌적]

명 objective / 客観的 / 客观
반 주관적

- 뉴스는 어떤 일에 대해서 객관적인 사실만을 대중들에게 전해야 한다.
- 나는 윤오 씨와 너무 친하기 때문에 윤오 씨에 대해서 객관적으로 평가할 수 없다.

**구직**
[구직]

명 looking for a job / 求職 / 求职
관 구인

- 미영 씨는 대학을 졸업하고 구직 활동 중이다.
- 올해는 직장을 구하는 구직자들의 숫자가 많이 증가했다.

**외향적**
[외향적]

명 extroverted / 外向的 / 外向
반 내향적
관 내성적

- 미영 씨는 성격이 외향적이어서 모르는 사람과도 쉽게 친해진다.
- 동생은 외향적인 성격인 데 반해서 나는 내향적이다.

**제자리**
[제자리]

명 in place / もとの場所 / 原地
- 미영 씨는 발표를 마친 후에 제자리로 돌아가서 앉았다.
- 다 보신 책은 제자리에 놓으십시오.

26
27

**최저**
[최저]

명 the lowest / 最低 / 最低

반 최고

- 오늘 아침 최저 기온은 영하 5도로 매우 춥겠습니다.
- H마트는 모든 물건을 최저 가격에 판매한다고 한다.

**끊임없다**
[끄니멉따]

형 constant / 絶えない / 不断

- 성공하기 위해서는 끊임없는 노력이 필요하다.
- 아이들에게는 끊임없는 사랑과 관심이 필요하다.

**낮추다**
[낟추다]

동 turn down / 下げる / 放低, 降低

반 높이다

- 음악 소리가 너무 큰 것 같은데 소리를 좀 낮춰 주시겠습니까?
- 방 안의 온도를 낮추기 위해서 에어컨을 틀었다.

**끊임없이**
[끄니멉씨]

부 constantly / 絶え間なく / 不断地

- 이 식당은 음식이 맛있나 봐. 손님이 끊임없이 들어오네.
- 그 사람은 항상 끊임없이 불만을 이야기한다.

**혹은**
[호근]

부 or / あるいは, または / 或

- 미영 씨는 1년 혹은 2년 동안 중국에서 살 계획이다.
- 외국인들은 이 식당에서 비빔밥 혹은 불고기를 먹곤 한다.

**여**
[여]

접 about (number) / 余 / 多

- 100여 명의 학생들이 운동장에 모여 있다.
- 10여 년 만에 만난 친구는 하나도 변하지 않았다.

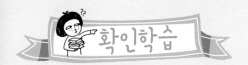

✳ 다음 빈칸에 공통으로 들어갈 단어를 〈보기〉에서 골라 '기본형'으로 쓰십시오.

보기

| 짓다 | 막다 | 잇다 | 떨어뜨리다 |
|------|------|------|-----------|

1  어버이날에 카네이션을 선물로 드렸더니 부모님께서 행복한 미소를 (　　　　　).
　 약을 (　　　　　) 약국에 갔다.

_____

✳ [2-5] 다음 빈칸에 들어갈 단어를 〈보기〉에서 골라 알맞게 쓰십시오.

보기

| 낮추다 | 기회 | 모으다 | 제자리 | 구직 |
|--------|------|--------|--------|------|

2  취직하지 못했다고 너무 실망하지 마세요. 또 _____이/가 있을 거예요.

3  윤오 씨는 돈을 _____ -아/어서 집을 샀다.

4  사용하신 물건은 _____에 놓아 주세요.

5  아이가 자고 있으니까 목소리를 좀 _____ -아/어 주십시오.

✳ [6-9] 다음 밑줄 친 단어의 반대말을 쓰십시오.

6  요즘 스트레스를 받을 때마다 초콜릿을 먹었더니 체중이 늘었다. (　　　　　)

7  이것이 최저 가격이기 때문에 더 이상의 할인은 불가능합니다.　(　　　　　)

8  내향적인 성격의 사람들은 밖에서 활동하는 것을 싫어한다.　(　　　　　)

9  아나운서는 대중들에게 뉴스를 객관적으로 전해야 한다.　(　　　　　)

26
27

Day 27

✔ 26일 단어 체크

| | | | | |
|---|---|---|---|---|
| 실제로 ☐ | 기회 ☐ | 모으다 ☐ | 부르다 ☐ | 혹은 ☐ |
| 일부 ☐ | 늘다 ☐ | 한꺼번에 ☐ | 끊임없다 ☐ | 외향적 ☐ |
| 미끄러지다 ☐ | 제자리 ☐ | 낮추다 ☐ | 객관적 ☐ | 잇다 ☐ |

TOPIK 빈출 어휘

**인상** 01
[인상]

명 impression / 印象 / 印象

관 첫인상

• 여행을 갔는데 그 나라 사람들의 친절한 모습에 좋은 인상을 받았다.
• 영화의 마지막 장면이 인상에 남는다.

**입장**
[입짱]

명 enterance / 入場 / 入场

입장하다

반 퇴장 / 퇴장하다

관 입장료

• 공연이 곧 시작됩니다. 관객 여러분들께서는 모두 공연장 안으로 입장해 주시기 바랍니다.
• 결혼식에서 신랑, 신부가 같이 입장하는 모습을 보니까 나도 행복해졌다.

**적당하다**
[적땅하다]

형 appropriate / 適当だ / 适当

• 어제 싸운 친구와 화해하고 싶은데 적당한 방법이 생각나지 않는다.
• 선생님께 감사의 선물을 드리려고 하는데 적당한 것을 찾기가 어렵다.

| 가리키다<br>[가리키다] | 통 **point at** / 指し示す / 指 |
|---|---|
| | • 미영 씨는 명동을 가자고 하면서 그쪽을 가리켰다. |
| | • 아이는 장난감을 가리키면서 사 달라고 했다. |
| 갖추다<br>[갇추다] | 통 **prepare, be qualified** / 備える / 具备 |
| | • 그 회사에 입사하기 위해서는 여러 가지 서류를 갖춰야 한다. |
| | • 영어 선생님이 되려면 필요한 자격을 갖추어야 한다. |
| 아끼다<br>[아끼다] | 통 **save** / 惜しむ, 節約する / 节约 |
| | 관 절약하다 |
| | • 용돈을 아껴서 모은 돈으로 아버지께 선물을 사 드렸다. |
| | • 전기세가 많이 나왔으니까 오늘부터라도 전기를 아껴서 사용해야겠다. |
| 결국<br>[결국] | 부 **finally** / 結局 / 结局, 结果 |
| | • 두 사람은 매일 그렇게 싸우더니 결국 헤어졌대요. |
| | • 시험에 합격하기 위해서 1년 동안 준비했지만 결국 떨어졌다. |

## TOPIK 중요 어휘

| 동창<br>[동창] | 명 **alumnus, alumna** / 同窓 / 同学 |
|---|---|
| | 관 동창회 |
| | • 윤오와 미영이는 고등학교를 같이 다닌 동창이다. |
| | • 졸업한 지 5년 만에 대학 동창에게서 연락이 왔다. |
| 분위기<br>[부뉘기] | 명 **atmosphere** / 雰囲気 / 气氛 |
| | • 우리 반은 수업 분위기가 좋아서 같이 열심히 공부한다. |
| | • 두 사람이 싸워서 그 자리에 있던 사람들의 분위기가 이상해졌다. |
| 소식<br>[소식] | 명 **news** / 知らせ / 消息 |
| | • 동창회에 갔다가 내가 좋아했던 윤오의 결혼 소식을 들었다. |
| | • 미영이가 이번에 좋은 회사에 취직했다는 소식을 친구들에게 전했다. |

27
28

| | |
|---|---|
| **잔소리**<br>[잔소리] | 뗑 **nagging** / 小言 / 废话, 啰嗦<br>• 어머니께서는 공부와 운동을 모두 열심히 하라는 잔소리를 많이 하신다.<br>• 우리 아내는 잔소리가 심하지만 모두 나를 걱정해서 하는 말이라는 것을 알고 있다. |
| **종교**<br>[종교] | 뗑 **religion** / 宗教 / 宗教<br>• 세상에는 기독교, 불교, 이슬람교, 천주교 등 다양한 종교가 있다.<br>• 마음이 힘들 때는 종교가 있는 것이 도움이 된다. |
| **전망**<br>[전망] | 뗑 **view** / 展望 / 展望, 眺望<br>• 우리 아파트는 19층에 있어서 전망이 좋다.<br>• 우리 집 바로 앞에 높은 건물이 생겨서 전망이 좋지 않다. |
| **집중**<br>[집쭝] | 뗑 **concentration** / 集中 / 集中<br>집중하다 / 집중되다<br><br>• 일을 할 때는 집중해서 해야 한다.<br>• 공부를 할 때는 얼마나 오래 하는지가 아니라 얼마나 집중하는지가 중요하다. |
| **아쉽다**<br>[아쉽따] | 뗑 **sorry** / 惜しい / 可惜<br>• 윤오를 오랜만에 만났는데 금방 헤어져서 아쉬웠다.<br>• 이제 고향에 돌아가려고 하니까 유학 생활 동안 여행을 많이 못 해 본 것이 아쉽다. |
| **얌전하다**<br>[얌전하다] | 뗑 **gentle** / おとなしい / 文静, 老实<br>• 내 친구는 평소에 말이 별로 없고 얌전한 편이다.<br>• 뛰어다니지 말고 얌전하게 앉아 있어. |
| **흔하다**<br>[흔하다] | 뗑 **common** / ありふれている / 多的是, 有的是<br>• 아이들이 놀다가 싸우는 것은 흔한 일이니까 너무 걱정하지 마세요.<br>• 이 가방은 너무 흔해서 우리 반 학생 15명 중 8명이 가지고 있을 정도이다. |
| **꾸다**[02]<br>[꾸다] | 뗑 **borrow (money)** / (お金を) 借りる / 借<br>윤 빌리다<br>관 갚다 |

• 어제 친구에게 꾼 돈을 돌려주었다.

• 오늘 지갑을 안 가지고 왔는데 오천 원만 꿔 줄 수 있어?

**잠그다**
[잠그다]

동 lock / 掛ける, 閉ざす / 锁

• 외출할 때는 문을 잘 잠그고 나와야 한다.

• 집을 나온 후에 문을 잘 잠갔는지 생각이 안 나서 다시 집에 갔다 올 때가 많다.

**게다가**
[게다가]

부 besides / そのうえに / 加上

• 오늘은 비가 왔다. 게다가 바람까지 많이 불었다.

• 어제 갔던 식당은 음식도 맛이 없고 게다가 가격도 비싼 편이었다.

**거의**
[거의/거이]

부 almost / ほとんど, ほぼ / 几乎

• 이 집으로 이사 온 지 거의 3년이 다 되어 간다.

• 이것만 하면 이번 일도 거의 끝난 셈이다.

TOPIK 추천 어휘

**열정**
[열쩡]

명 passion / 熱情 / 热情

• 꿈이 있는 사람은 그 꿈을 이루기 위해 열정을 갖고 노력한다.

• 우리 회사는 광고를 만드는 일에 열정이 있는 직원을 뽑습니다.

**자유**
[자유]

명 freedom / 自由 / 自由

• 누구나 하고 싶은 말을 할 수 있는 자유가 있다.

• 그 모임에 가든지 말든지 네 자유니까 마음대로 해.

**짜증**
[짜증]

명 irritation / かんしゃく / 气儿

…이 나다

• 오늘은 이상하게 작은 일에도 짜증이 난다.

• 짜증이 나고 우울할 때는 초콜릿과 같은 단 음식을 먹는 것이 좋다.

27

28

**현실적**
[현실쩍]

명 realistic / 現実的 / 现实
- 걸어서 부산까지 가는 것은 현실적으로 불가능한 일이에요.
- 그 문제에 대한 현실적인 해결 방법은 무엇입니까?

**그만하다**
[그만하다]

동 stop / やめる / 停下
- 이제 게임 그만하고 공부합시다.
- 여보, 잔소리 좀 그만해. 앞으로 내가 잘할게.

**지켜보다**
[지켜보다]

동 watch / 見守る / 静观, 观看
- 아이들이 노는 모습을 엄마는 지켜보고 있었다.
- 에어컨을 수리하는 동안 나는 뒤에서 지켜보았다.

**달리**
[달리]

부 otherwise / ほかに, 別に / 另外, 不同
- 달리 생각해 보면 그 사람의 의견이 꼭 좋은 것은 아니다.
- 미영 씨는 얌전한 줄 알았는데 보기와는 달리 활발하다.

**적당히**
[적땅히]

부 appropriately / 適当に, ほどほどに / 适当地
- 건강을 위해서 술은 적당히 드세요.
- 소금은 너무 많이 넣지 말고 적당히 넣으세요.

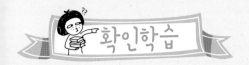

✳ [1~3] 다음 설명에 알맞은 단어를 〈보기〉에서 찾아 쓰십시오.

> **보기**
>
> | 종교 | 잔소리 | 동창 | 소식 | 분위기 |
> |------|--------|------|------|--------|

**1** 같은 학교에서 공부를 한 친구　　　　　　　　　　　(　　　　　　)

**2** 멀리 있는 사람의 생활을 알려 주는 말이나 글　　　(　　　　　　)

**3** 그 자리나 상황에서 느껴지는 기분　　　　　　　　(　　　　　　)

✳ [4~5] 다음 밑줄 친 단어와 비슷한 의미의 단어를 쓰십시오.

**4** 어제 용돈이 다 떨어져서 친구에게 돈을 <u>빌렸다</u>.　　(　　　　　　)

**5** 요즘 사용하는 물이 부족하다고 하니까 <u>아껴서</u> 써야 한다.　(　　　　)

✳ [6~8] 다음 빈칸에 들어갈 알맞은 단어를 〈보기〉에서 고르십시오.

> **보기**
>
> | 거의 | 달리 | 결국 | 게다가 | 적당히 |
> |------|------|------|--------|--------|

**6** 이 일은 쉬울 거라고 생각했는데 생각과는 _____ 어렵다.

**7** 그동안 너무 바빠서 고향에 오지 못하다가 _____ 10여 년 만에 고향
　　에 와 보니 변한 것이 많았다.

**8** 마지막 지하철을 놓칠까 봐 열심히 뛰었지만 _____ 지하철은 떠났다.

✳ [9~11] 다음 빈칸에 들어갈 단어를 〈보기〉에서 골라 알맞게 쓰십시오.

> **보기**
>
> | 적당하다 | 갖추다 | 아쉽다 | 그만하다 | 얌전하다 |
> |----------|--------|--------|----------|----------|

**9** 내 친구는 평소에는 _____ –지만 춤을 출 때는 다른 사람 같다.

**10** 친구에게 사과를 해야 하는데 어떻게 말해야 할지 _____ –(으)ㄴ/는 말이
　　 생각나지 않는다.

**11** 한국어 선생님이 되기 위한 자격을 _____ –기 위해서 노력하고 있다.

Day 28

✓ 27일 단어 체크

| | | | | | | | | | |
|---|---|---|---|---|---|---|---|---|---|
| 아끼다 | ☐ | 소식 | ☐ | 아쉽다 | ☐ | 가리키다 | ☐ | 분위기 | ☐ |
| 얌전하다 | ☐ | 적당하다 | ☐ | 게다가 | ☐ | 흔하다 | ☐ | 잠그다 | ☐ |
| 집중 | ☐ | 결국 | ☐ | 거의 | ☐ | 적당히 | ☐ | 꾸다 | ☐ |

TOPIK 필수 어휘

## 모집
[모집]

명 recruitment / 募集 / 招募

모집하다

• 게시판에 붙어 있는 직원 모집 안내문을 봤어요?
• 우리 사진 동아리에서는 사진에 관심이 많은 신입생을 모집합니다.

## 소비
[소비]

명 consumption / 費やすこと, 消費 / 消費

소비하다 / 소비되다

• 작년에 비해서 올해는 돼지고기 소비가 많이 증가했다.
• 돈을 절약하기 위해서 소비를 줄이려고 노력하는 사람들이 늘고 있다.

## 식물
[싱물]

명 plants / 植物 / 植物

관 동물

• 나는 꽃, 나무 등 식물을 키우는 일에 관심이 많다.
• 최근 집안 공기를 맑게 해 주는 식물이 많이 팔리고 있다.

## 여성
[여성]

명 female / 女性 / 女性

반 남성

• 이 제품은 20~30대 여성들에게 인기가 많다.
• 요즘은 담배를 피우는 여성의 수가 10년 전에 비해서 많이 늘었다.

**인생**
[인생]

몡 life / 人生 / 人生

• 인생에서 가장 중요한 것은 돈이 아니라 건강이라고 생각한다.
• 그때가 내 인생에서 가장 행복했던 순간이다.

**드디어**
[드디어]

튐 finally / ついに, いよいよ / 终于

• 이 교수님의 지루한 수업이 드디어 끝났다.
• 결혼한 지 6년 만에 드디어 집을 샀다.

TOPIK  중요 어휘

**결정**
[결쩡]

몡 decision / 決定 / 决定

결정하다 / 결정되다

• 네 결정에 따를 테니까 네가 하고 싶은 것을 말해 봐.
• 나는 내년에 미국으로 유학을 가기로 결정했다.

**성함**
[성함]

몡 name (honorific) / お名前 / 姓名

곤 이름

• 이 서류에 고객님의 성함을 써 주십시오.
• 어른의 이름을 물을 때는 성함이 어떻게 되시느냐고 해야 한다.

**속담**
[속땀]

몡 proverb / 諺 / 俗话

• "호랑이도 제 말 하면 온다."는 속담처럼 윤오 씨 이야기를 하는데 정말 윤오 씨가 왔다.
• "원숭이도 나무에서 떨어질 때가 있다."는 속담은 누구나 실수를 할 수 있다는 뜻이다.

**입맛**
[임맏]

몡 one's taste / 口当たり / 口味

• 한국에 처음 왔을 때 음식이 입맛에 안 맞아서 힘들었어요.
• 나이가 드니까 입맛이 많이 변하는 것 같아요.

28

29

| | |
|---|---|
| **주변**<br>[주변] | 몡 surroundings / 周り, 周辺 / 周边<br>괜 주의<br><br>• 요즘 학교 주변에 커피 전문점들이 많이 생겼다.<br>• 내 주변에는 성격이 좋은 친구들이 많다. |
| **현대**<br>[현대] | 몡 modern times / 現代 / 现代<br><br>• 현대에는 남성과 여성의 직업에 대한 구분이 많이 없어졌다.<br>• 컴퓨터와 휴대 전화가 없는 현대의 삶은 생각하기 힘들다. |
| **깊다**[01]<br>[깁따] | 혱 deep / 深い / 深<br>뺀 얕다<br><br>• 이곳은 물이 깊어서 수영을 금지하고 있습니다.<br>• 우리 학교는 전통과 역사가 깊은 곳이다. |
| **성실하다**<br>[성실하다] | 혱 sincere / まじめだ / 老实<br>뺀 불성실하다<br><br>• 윤오 씨는 지각이나 결석을 하지 않는 성실한 학생이다.<br>• 아무리 능력이 좋아도 성실하지 않으면 성공할 수 없다. |
| **커다랗다**<br>[커다라타] | 혱 big / でっかい, とても大きい / 很大<br><br>• 커다란 나무 아래에 앉아서 친구들과 이야기를 했다.<br>• 물가가 많이 올라서 수출에 커다란 문제가 생겼다. |
| **걸리다**[02]<br>[걸리다] | 통 be hung / 掛ける / 被挂上<br>…에 …이/가 걸리다<br><br>• 옷걸이에 걸려 있는 저 코트는 누구의 옷이에요?<br>• 벽에 걸려 있는 시계가 고장이 난 것 같은데요. |
| **뽑히다**<br>[뽀피다] | 통 be elected / 選ばれる / 被选<br>…에 …(으)로 뽑히다<br><br>• 오늘 윤오가 우리 반 반장으로 뽑혔다.<br>• 네 명의 후보 중에서 1번 후보가 대통령으로 뽑혔다. |

**어울리다**<sup>01</sup>
[어울리다]

동 **go with** / 似合う / 般配, 协调
…와/과 어울리다, …에/에게 어울리다

• 하얀 티셔츠와 청바지가 잘 어울려요.
• 미영 씨에게는 파마머리가 잘 어울릴 것 같아요.

**잊다**
[읻따]

동 **forget** / 忘れる / 忘记
관 잊어버리다

• 그 영화를 본 지 너무 오래되어서 제목을 잊었다.
• 약속을 잊을까 봐 달력에 메모를 해 놓았다.

**자랑하다**
[자랑하다]

동 **boast** / 誇る / 夸耀
• 친구가 좋은 회사에 취직을 했다면서 자랑했다.
• 나는 이번 시험에서 1등을 한 것을 친구에게 자랑하고 싶었다.

**잡다**<sup>01</sup>
[잡따]

동 **catch** / 取る, つかむ / 抓
• 형이 던진 공을 내가 잡았다.
• 경찰이 도둑을 잡았다.

---

**TOPIK** 추천 어휘

**가운데**
[가운데]

명 **among** / 中 / 中
• 많은 한국 요리 가운데 내가 좋아하는 음식은 불고기이다.
• 윤오 씨는 우리 반 학생들 가운데 가장 성실한 학생이다.

**막차**
[막차]

명 **the last train (bus)** / 終電, 終車 / 末班车
반 첫차

• 요즘 일이 너무 많아서 새벽에 첫차를 타고 출근해서 밤늦게 막차를 타고 퇴근한다.
• 지하철 막차를 타지 못해서 택시를 타고 집에 왔다.

**의심**
[의심]

명 doubt / 疑心, 疑いの心 / 疑心

의심하다 / 의심되다

- 다른 제품에 비해 너무 싸게 판다고 광고하는 제품은 의심을 해 봐야 한다.
- 친구가 자신의 비밀을 내가 말했다고 의심하는 것 같아서 불쾌하다.

**해설**
[해설]

명 explanation / 解説 / 说明

해설하다

- 수학 문제가 너무 어려워서 정답 해설을 보고 문제를 풀었다.
- 미술관에서 작가가 직접 그림에 대해서 해설을 해 주니까 더 쉽게 이해할 수 있었다.

**상관없다**
[상과넙따]

형 irrelevant / 関係ない, かまわない / 无所谓

유 관계없다

- 내일 모임은 실내에서 할 거니까 비가 와도 상관없어요.
- 부산에 가든지 제주도에 가든지 나는 상관없으니까 네가 결정해.

**내다**[02]
[내다]

동 get angry / (腹を) 立てる, (かんしゃくを) 起こす / 发 (火), 发 (脾气)

…에/에게 …을/를 내다

- 나는 비밀을 지키지 않은 친구에게 화를 냈다.
- 동생은 반찬이 맛이 없다면서 짜증을 냈다.

**비우다**
[비우다]

동 empty (out) / (ゴミ箱を) 空ける / 空出
- 병에 있던 물을 비우고 주스를 담았다.
- 내가 화장실에 가느라고 잠깐 자리를 비운 사이에 가방이 없어졌다.

**아마**
[아마]

부 probably / たぶん / 可能
- 시험 기간이니까 아마 윤오 씨는 도서관에 있을 거예요.
- 미영 씨가 아직까지 안 온 걸 보니까 아마 약속을 잊은 모양이에요.

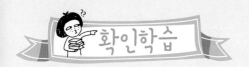

✻ [1~3] 다음 밑줄 친 단어의 반대말을 쓰십시오.

1  이곳은 물이 너무 깊으니까 들어가지 마세요.　　　　　(　　　　　　)

2  어제 학교 도서관에서 밤을 새우고 첫차를 타고 집으로 돌아왔다. (　　　　)

3  요즘 화장을 하는 남성들이 늘고 있다.　　　　　　　　(　　　　　　)


✻ [4~5] 다음 빈칸에 공통으로 들어갈 단어를 〈보기〉에서 골라 '기본형'으로 쓰십시오.

> 보기
>
> 　　내다　　　　　　비우다　　　　　　걸리다　　　　　　어울리다

4  학교에서 서울역까지 가는 데 시간이 얼마나 (　　　　　　)?
　　옷걸이에 가방이 (　　　　　　).

　　　　　　　　　　　　　　　　　　　　　　　　＿＿＿＿＿＿＿＿＿＿

5  친구가 내 말을 듣고 오해를 해서 화를 (　　　　　　).
　　입학서류에 필요한 사진을 사무실에 (　　　　　　) 학교에 왔다.

　　　　　　　　　　　　　　　　　　　　　　　　＿＿＿＿＿＿＿＿＿＿


✻ [6~10] 다음 빈칸에 들어갈 단어를 〈보기〉에서 골라 알맞게 쓰십시오.

> 보기
>
> 아마　　　　잊다　　　　성실하다　　　　입맛　　　　상관없다　　　　결정되다

6  내일은 중요한 회의가 있으니까 ＿＿＿＿＿＿＿ –(으)면 안 돼요.

7  마이클 씨, 이 음식이 ＿＿＿＿＿＿＿ 에 맞아요?

8  내일 모임 장소가 ＿＿＿＿＿＿＿ –(으)면 연락해 주세요.

9  그 식당은 평일에는 손님이 많지 않아서 예약을 하지 않아도 ＿＿＿＿＿＿ –(ㄴ/는)다.

10 제가 가수가 되는 것을 ＿＿＿＿＿＿＿ 부모님께서 반대하실지도 몰라요.

Day 29

✔ 28일 단어 체크

| | | | | | | | | | |
|---|---|---|---|---|---|---|---|---|---|
| 소비 | ☐ | 현대 | ☐ | 자랑하다 | ☐ | 어울리다 | ☐ | 아마 | ☐ |
| 내다 | ☐ | 깊다 | ☐ | 걸리다 | ☐ | 결정 | ☐ | 의심 | ☐ |
| 모집 | ☐ | 해설 | ☐ | 잡다 | ☐ | 성실하다 | ☐ | 상관없다 | ☐ |
| 드디어 | ☐ | 주변 | ☐ | 잊다 | ☐ | 뽑히다 | ☐ | 비우다 | ☐ |

TOPIK 빈출 어휘

---

**구매**
[구매]

명 purchase / 購買 / 购买

구매하다
관 사다

• 인터넷에서 싼 값에 휴대 전화를 구매했다.
• 이번에 새로 나온 냉장고를 구매하시면 예쁜 라디오를 드립니다.

---

**기술**
[기술]

명 skill / 技術 / 技术

• 대화를 할 때도 기술이 필요하다.
• 이곳은 자동차 수리 기술을 배울 수 있는 학원이다.

---

**부족**
[부족]

명 shortage / 不足 / 不足

부족하다
관 모자라다

• 호주는 물 부족 국가이다.
• 나는 읽기를 못해서 문제를 푸는 데 언제나 시간이 부족하다.

| 예정 | 명 schedule / 予定 / 预定 |
| [예정] | 예정하다 / 예정되다 |

- 서울의 지하철 요금은 다음 달 1일부터 100원씩 오를 예정이다.
- 제주도에서는 바람 때문에 비행기가 예정된 시각보다 늦게 출발하거나 도착할 때가 있다.

| 일반 | 명 general / 一般 / 普通 |
| [일반] | |

- 이 에어컨은 일반 에어컨보다 전기 요금이 적게 나옵니다.
- 재활용이 안 되는 일반 쓰레기는 분리해서 버려 주십시오.

| 태도 | 명 attitude / 態度 / 态度 |
| [태도] | |

- 면접관 앞에서 자신감 있는 태도를 보여 주는 것이 좋다.
- 그는 항상 성실한 태도로 일해서 모든 사람에게 칭찬을 받는다.

| 희망 | 명 hope / 希望 / 希望 |
| [희망] | 희망하다 |

- 어린 아이들은 나라와 미래의 희망이다.
- 나는 올해에 꼭 취업하기를 희망한다.

TOPIK 중요 어휘

| 대기업 | 명 major company / 大企業 / 大企业 |
| [대기업] | 관 중소기업 |

- 요즘에는 대기업에 취업하기보다 공무원이 되려고 하는 대학생들이 많다.
- 미영 씨는 한국에서 유명한 대기업에 다니고 있다.

| 대상 | 명 target / 対象 / 对象 |
| [대상] | |

- 이 수업은 외국인 유학생을 대상으로 한다.
- 이번에 우리 회사는 전체 사원들을 대상으로 회사 생활에 가장 필요한 것에 대해 조사하였다.

29

30

**야외**
[야외]

몡 the outside / 野外 / 室外
- 미영 씨는 일반 예식장보다는 야외에서 결혼식을 하고 싶다고 했다.
- 토요일에 쉬는 사람들이 많아지면서 야외 활동에 필요한 제품들이 잘 팔린다.

**양보**
[양보]

몡 concession / 讓歩, (席を) 讓ること / 让步
양보하다
- 지하철에서 자리에 앉아 있던 학생이 할아버지를 보고 자리를 양보했다.
- 좋은 친구가 되려면 서로를 이해하고 양보하는 마음이 필요하다.

**예방**
[예방]

몡 prevention / 予防 / 预防
예방하다 / 예방되다
- 평소에 운동을 하면 감기를 예방할 수 있다.
- 산불을 예방하기 위해서 산에서 불을 사용하는 것을 금지하고 있다.

**조교**
[조교]

몡 teaching assistant / 助教, 助手 / 助教
- 교수님께서 리포트는 조교에게 내라고 하셨다.
- 등록금을 벌기 위해 교수님의 일을 도와드리는 조교로 일하기로 했다.

**최신**
[최신]

몡 the newest / 最新 / 最新
- 나는 영화를 좋아해서 개봉한 최신 영화를 모두 보았다.
- 미영 씨는 이번 달에 나온 최신 노트북을 구입했다.

**감다**[01]
[감따]

동 close (one's eyes) / 閉じる / 闭 (眼)
- 공포 영화를 보다가 무서워서 눈을 감았다.
- 자려고 눈을 감았지만 텔레비전 소리가 너무 커서 잠을 잘 수 없었다.

**곤란하다**
[골란하다]

형 embarrassing / 困難だ, 困る / 困难
- 미영 씨와 비밀 이야기를 하려고 하는데 다른 친구가 들어와서 말하기 곤란했다.
- 갑자기 약속을 취소하면 내 상황이 곤란하니까 꼭 와야 돼.

**속상하다**
[속쌍하다]

형 upset / しゃくにさわる / 伤心
• 아들이 밖에서 친구들과 자주 싸우고 와서 속상하다.
• 가고 싶은 회사의 면접에 떨어졌다는 전화를 받고 너무 속상해서 친구와 술을 마셨다.

**튼튼하다**
[튼튼하다]

형 strong / 丈夫だ / 结实
• 제주도는 바람이 많이 불어서 집을 튼튼하게 짓지 않으면 안 된다.
• 첫째 아이는 몸이 약해서 자주 아픈 데 반해 둘째 아이는 튼튼해서 감기도 잘 걸리지 않는다.

**깨지다**
[깨지다]

동 be broken / 壊れる / 摔坏, 被取消
…이/가 깨지다
• 설거지를 하는데 조심하지 않아서 그릇이 깨져 버렸다.
• 친구들과 만나기로 한 약속이 갑자기 깨져서 심심하다.

**밀다**
[밀다]

동 push / 押す / 推
반 당기다
• 이 문은 밀지 말고 당겨서 여세요.
• 공연을 보러 갔다가 뒤에 있는 사람이 미는 바람에 넘어져서 다쳤다.

**보살피다**
[보살피다]

동 take care of / 世話をする, 面倒を見る / 照顾
관 돌보다
• 간호사는 의사를 도와서 환자들을 보살피는 일을 한다.
• 엄마가 안 계시는 동안 언니는 동생들을 잘 보살폈다.

**즐기다**
[즐기다]

동 enjoy / 好む / 喜欢
• 한국 사람들은 여름에 냉면을 즐겨 먹는다.
• 윤오 씨는 빨간색 옷을 즐겨 입는다.

**마무리**
[마무리]

명 end / 仕上げ / 收尾

마무리하다

- 이 일을 내일까지 마무리해야 하기 때문에 오늘 야근할 수밖에 없다.
- 일은 시작도 중요하지만 마무리도 중요하다.

**안정적**
[안정적]

명 stable / 安定的 / 稳定

- 요즘은 공무원처럼 안정적인 직업이 인기가 많다.
- 나이가 들어서 안정적인 생활을 하기 위해서 지금부터 돈을 모으고 있다.

**최종**
[최종]

명 final / 最終 / 最终

반 최초

- 우리 회사에서 최종 결정은 항상 사장님께서 하신다.
- 윤오 씨는 최종 면접에 합격해서 그 회사에 들어가게 되었다.

**깊다**[02]
[깁따]

형 impressive / 深い (感銘) / (印象) 深

- 친구는 내가 읽은 책 중에서 가장 마음에 깊게 남는 책을 추천해 달라고 했다.
- 그 영화는 오랫동안 기억에 남을 정도로 감명이 깊었다.

**틀림없다**
[틀리멉따]

형 certain / 間違いない / 没错, 毫无疑问

- 미영 씨가 놀라는 것을 보니까 거짓말을 한 것이 틀림없다.
- 글씨 모양을 보니까 윤오 씨가 쓴 것이 틀림없다.

**앞장서다**
[압짱서다]

동 lead / 先立つ / 带头

- 제가 앞장서서 갈 테니까 저를 따라오세요.
- 반장은 우리 반의 모든 일을 앞장서서 해결하려고 한다.

**굳이**
[구지]

부 obstinately / あえて / 硬, 勉强

- 하기 싫으면 굳이 하지 않아도 돼요.
- 윤오 씨는 가기 싫다고 하는데 미영 씨가 굳이 같이 가자고 했다.

**틀림없이**
[틀리멉씨]

부 certainly / 間違いなく / 一定

- 이번 축구 경기에서는 우리 팀이 틀림없이 이길 것이다.
- 사장님은 그 일을 내일까지 틀림없이 해야 한다고 하셨다.

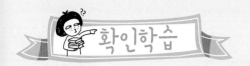

확인학습

✻ [1-3] 다음 빈칸에 들어갈 단어를 〈보기〉에서 골라 알맞게 쓰십시오.

| 굳이 | 마무리하다 | 최종 | 최신 |
|---|---|---|---|

**1** 엄마는 먹기 싫은데 건강에 좋으니까 ＿＿＿＿＿＿ 먹으라고 했다.

**2** 윤오는 휴대 전화가 고장 나서 ＿＿＿＿＿＿ 휴대 전화로 바꿨다.

**3** 시험 시간이 1분밖에 안 남았으니까 이제 ＿＿＿＿＿ -(으)세요.

✻ [4-5] 다음 빈칸에 공통으로 들어갈 단어를 〈보기〉에서 골라 '기본형'으로 쓰십시오.

보기
| 깊다 | 즐기다 | 깨지다 | 감다 |
|---|---|---|---|

**4** 이곳은 강물이 (　　　　　　) 곳이므로 수영을 금지합니다.
서울은 600년의 (　　　　　　) 역사가 있다.
나는 영화의 마지막 부분을 감명 (　　　　　　) 보았다.

＿＿＿＿＿＿＿＿＿＿

**5** 어머니를 도우려고 설거지를 하다가 그릇이 떨어져서 (　　　　　　).
친구에게 급한 일이 생겨서 약속이 (　　　　　　).

＿＿＿＿＿＿＿＿＿＿

✻ [6-10] 다음 빈칸에 들어갈 단어를 〈보기〉에서 골라 알맞게 쓰십시오.

| 예방하다 | 보살피다 | 앞장서다 | 양보하다 | 곤란하다 |
|---|---|---|---|---|

**6** 미영 씨는 지하철이나 버스에서 몸이 불편한 사람에게 자리를 ＿＿＿＿ -ㄴ/는다.

**7** 부모님이 모두 일하시기 때문에 학교에서 돌아오면 내가 동생을 ＿＿＿＿＿＿
-아/어야 한다.

**8** 아기들은 태어나면 여러 가지 병을 ＿＿＿＿＿＿ -기 위해 주사를 맞는다.

**9** 반장은 우리 반의 일이면 무엇이나 ＿＿＿＿＿＿ -아/어서 한다.

**10** 갑자기 개인적인 질문을 해서 대답하기가 ＿＿＿＿＿ -았/었다.

종합문제 ❸

✳ [1~2] 다음 (          ) 안에 알맞은 것을 고르십시오.

01  인터넷 게시판에서 중고 컴퓨터를 판매한다는 글을 보고 연락드렸는데 혹시 (          )
이/가 가능한가요?
① 구매          ② 구직          ③ 의논          ④ 강조

02  많이 바쁘시면 (          ) 여기까지 오지 말고 이메일로 서류를 보내 주십시오.
① 실제로          ② 드디어          ③ 군이          ④ 결국

✳ [3~4] 다음 밑줄 친 부분과 의미가 비슷한 것을 고르십시오.

03  이번 주말까지 일을 다 마칠 수 있겠어요?
① 구할          ② 끝낼          ③ 미룰          ④ 알려 줄

04  오늘 밤 비가 온 후에는 기온이 크게 내려가서 춥겠습니다.
① 줄어서          ② 모자라서          ③ 차가워서          ④ 떨어져서

✳ [5~6] 다음 밑줄 친 부분과 의미가 반대인 것을 고르십시오.

05  윤오 씨는 내성적이어서 친구들과 노는 것보다 혼자 있는 것을 좋아한다.
① 주관적          ② 외향적          ③ 소극적          ④ 안정적

06  국내 항공사에서 직원을 모집한다고 한다.
① 대기업          ② 전국          ③ 구인          ④ 국제

**✱ [7~9] 다음 (　　　) 안에 공통적으로 들어갈 동사를 고르십시오.**

**07**

- 운동을 하는 것은 스트레스를 (　　　　) 데 큰 도움이 된다.
- 이 문제는 너무 어려워서 아무도 못 (　　　　).
- 내가 계속 사과를 했지만 윤오 씨는 화를 (　　　　) 않았다.

① 풀리다　　　② 줄이다　　　③ 막다　　　④ 풀다

**08**

- 술을 마시지 않겠다는 약속을 (　　　　) 않아서 아내와 싸웠다.
- 하루에 15분씩 걷기만 해도 건강을 (　　　　) 수 있다고 한다.
- 윤오 씨는 비밀을 꼭 (　　　　) 때문에 믿을 만한 사람이다.

① 지키다　　　② 줄이다　　　③ 미루다　　　④ 짓다

**09**

- 어제 밤늦게 잠을 자서 오늘 아침에 (　　　　) 힘들었다.
- 사장님께서 들어오시니까 모두 자리에서 (　　　　) 주십시오.
- 이 사고는 몇 시에 (　　　　)?

① 깨다　　　② 일어나다　　　③ 새우다　　　④ 깨우다

**✱ [10~11] 다음 글을 읽고 알맞은 답을 고르십시오.**

　　환경 문제에 대한 관심이 높아지면서 종이컵, 비닐봉투와 같은 (　㉠　) 대신에 개인 컵과 장바구니를 가지고 다니는 사람의 수가 (　㉡　) 있다. 그뿐만 아니라 재활용이 가능한 것과 불가능한 쓰레기를 분리수거해서 버리는 것도 주변에서 쉽게 볼 수 있다. 이와 같이 우리 모두가 작은 것에서부터 환경 보호를 위해서 노력해야 미래에 우리의 아이들이 깨끗한 환경에서 건강한 삶을 살 수 있을 것이다.

**10** ㉠에 들어갈 말로 알맞은 것을 고르십시오.
① 세면도구　　　② 일회용품　　　③ 손잡이　　　④ 작품

**11** ㉡에 들어갈 수 없는 것을 고르십시오.
① 증가하다　　　② 늘다　　　③ 많아지다　　　④ 늘리다

# 31~40일

## 어휘

✔ 29일 단어 체크

| | | | | | | | | | |
|---|---|---|---|---|---|---|---|---|---|
| 태도 | ☐ | 일반 | ☐ | 부족 | ☐ | 희망 | ☐ | 구매 | ☐ |
| 예정 | ☐ | 최신 | ☐ | 곤란하다 | ☐ | 속상하다 | ☐ | 감다 | ☐ |
| 보살피다 | ☐ | 양보 | ☐ | 튼튼하다 | ☐ | 깨지다 | ☐ | 대기업 | ☐ |
| 즐기다 | ☐ | 안정적 | ☐ | 굳이 | ☐ | 앞장서다 | ☐ | 틀림없이 | ☐ |

# TOPIK 필수 어휘

## 감소
[감소]

명 decrease / 減少 / 减少

감소하다 / 감소되다
반 증가 / 증가하다
관 줄다

• 아이를 낳지 않는 젊은 부부들이 늘어서 어린아이의 수가 감소하고 있다.
• 경제 상황이 좋지 않아서 자동차 판매량이 감소하고 있다.

## 부분
[부분]

명 part / 部分 / 部分

• 수업에서 이해가 안 되는 부분이 있으면 수업이 끝난 후에 제게 찾아오십시오.
• 너무 피곤해서 드라마의 마지막 부분을 보지 못하고 잠이 들었다.

## 이혼
[이혼]

명 divorce / 離婚 / 离婚

이혼하다
반 결혼 / 결혼하다

• 부모님께서 이혼을 하셔서 5살 때부터 어머니와 둘이 살았다.
• 그 부부는 심한 성격 차이로 이혼했다.

| 인간<br>[인간] | 몡 human (being) / 人間 / 人类 |
|---|---|
| | 윤 사람 |
| | • 인간은 '언어'를 사용한다는 점에 동물과 다르다. |
| | • 현대 사회에서 컴퓨터는 인간에게 없어서는 안 되는 물건 중 하나이다. |

| 회원<br>[회원] | 몡 member / 會員 / 会员 |
|---|---|
| | • 집 앞 헬스클럽에서 회원을 모집한다. |
| | • 지금 회원으로 가입하시면 신제품을 10% 할인해 드립니다. |

| 막다<sup>02</sup><br>[막따] | 동 prevent / 防ぐ / 抵御 |
|---|---|
| | • 산불을 막기 위해서 산에서 요리하는 것을 금지하고 있다. |
| | • 먼 거리를 갈 때 1시간에 한 번씩 쉬면 졸음으로 인한 교통사고를 막을 수 있다. |

31
32

TOPIK 중요 어휘

| 기초<br>[기초] | 몡 basis / 基礎 / 基础 |
|---|---|
| | • 아직 기초 문법이 부족해서 중급에 갈 수 없다. |
| | • 기초 공사를 잘해야 집이 튼튼하다. |

| 배우자<br>[배우자] | 몡 spouse / 配偶者 / 伴侣 |
|---|---|
| | 관 남편, 아내 |
| | • 옛날에는 부모가 자녀의 배우자를 선택했다. |
| | • 외국인 배우자와 결혼하는 국제결혼이 늘고 있다. |

| 전쟁<br>[전쟁] | 몡 war / 戰争 / 战争 |
|---|---|
| | • 그 소년은 전쟁으로 부모를 잃었다. |
| | • 전쟁을 주제로 한 영화를 보고 마음이 아파서 눈물이 났다. |

| 둥글다<br>[둥글다] | 형 round / 丸い / 圆圆的 |
|---|---|
| | • 지구는 공 모양으로 둥글다. |
| | • 친구들과 이야기를 하기 위해 둥글게 모여 앉았다. |

| 익다<br>[익따] | 형 be accustomed to / 慣れる / 熟悉 |
| | …에 익다 |
| | • 이 노트북은 오랫동안 사용해서 손에 익었다. |
| | • 처음에는 일을 하는 데 시간이 오래 걸렸지만 이제는 손에 익어서 빨리 할 수 있다. |

| 저렴하다<br>[저렴하다] | 형 cheap / 低廉だ (安い) / 低廉 |
| | • 이 가게는 항상 할인을 해 주어서 다른 곳보다 물건이 저렴하다. |
| | • 사람들이 여행을 잘 가지 않는 겨울에는 호텔을 저렴하게 예약할 수 있다. |

| 나타나다<br>[나타나다] | 동 be shown (result) / 現れる / 显出 |
| | • 사람들은 배우자를 선택할 때 '능력'을 가장 중요하게 생각하는 것으로 나타났다. |
| | • 우리가 열심히 노력한 결과가 드디어 나타나기 시작했다. |

| 만지다<br>[만지다] | 동 touch / さわる / 摸 |
| | • 전시회에 전시된 그림은 손으로 만지면 안 된다. |
| | • 젖은 손으로 전자 제품을 만지는 것은 위험하다. |

| 상하다[01]<br>[상하다] | 동 go bad / 腐る / 坏 |
| | …이/가 상하다 |
| | • 우유를 냉장고에 넣지 않아서 상했다. |
| | • 상한 음식을 먹고 배탈이 났다. |

| 안다<br>[안따] | 동 hug / 抱く / 抱 |
| | • 시험에 떨어져서 울고 있는 친구를 안아 주었다. |
| | • 우리 딸은 항상 인형을 안고 잠을 잔다. |

| 잡다[02]<br>[잡따] | 동 find (a job, an opportunity) / (機械を) つかむ / 抓住 |
| | • 나는 졸업을 하면 빨리 직장을 잡아서 돈을 벌고 싶다. |
| | • 이 제품을 구입하시고 무료로 여행을 갈 수 있는 기회를 잡으세요! |

| 훔치다<br>[치다] | 图 steal / 盗む / 偷 |
|---|---|
| | • 소년이 가게에서 물건을 훔치다가 주인에게 잡혔다.<br>• 누군가 내 카메라를 훔쳐 가서 여행을 하는 동안 사진을 찍지 못했다. |

| 타다<sup>01</sup><br>[타다] | 图 burn / 焦げる, 日焼けする / 糊, (晒) 黑 |
|---|---|
| | …이/가 타다 |
| | • 친구와 이야기를 하느라 고기가 타는 것도 몰랐다.<br>• 여름 휴가 때 해수욕장에 놀러 갔다가 얼굴이 까맣게 탔다. |

| 틀다<br>[틀다] | 图 turn on (TV, music) / (ラジオ, テレビを) つける / 开启 |
|---|---|
| | 관 켜다 |
| | • 그 가수는 인기가 많아서 텔레비전을 틀기만 하면 그 가수가 나온다.<br>• 나는 조용한 것이 싫어서 집에 가자마자 음악부터 튼다. |

31
32

## TOPIK 추천 어휘

| 여부<br>[여부] | 명 'Yes' or 'No' / 可否, 許否 / 是否 |
|---|---|
| | • 대학교 합격 여부는 인터넷으로 확인할 수 있다.<br>• 미영 씨에게 전화를 해서 내일 회의 참석 여부를 물어봐 주세요. |

| 이기적<br>[이기적] | 명 selfish / 利己的 / 自私 |
|---|---|
| | • 윤오 씨는 성격이 이기적이어서 항상 자기가 하고 싶은 대로만 하려고 한다.<br>• 요즘은 자기만 생각하는 이기적인 사람이 너무 많다. |

| 일자리<br>[일짜리] | 명 job / 職, 職場 / 工作岗位 |
|---|---|
| | 유 직장 |
| | • 미영 씨는 졸업을 하고 지금 일자리를 찾고 있다.<br>• 회사 상황이 안 좋아져서 직원의 10%가 일자리를 잃었다. |

**집중력**
[집쭝녁]

명 concentration / 集中力 / 注意力
- 윤오 씨는 집중력이 좋아서 일을 하는 동안에는 다른 사람이 불러도 잘 듣지 못한다.
- 아침 식사를 하지 않으면 일을 할 때 집중력이 떨어진다고 한다.

**폭설**
[폭썰]

명 heavy snow / 豪雪 / 暴雪
- 폭설 때문에 집 앞의 눈을 치우느라고 2시간 이상이 걸렸다.
- 폭설로 인해서 대부분의 열차와 비행기가 취소되었다.

**다정하다**
[다정하다]

형 kind / 優しい / 多情善感
- 다정하게 손을 잡고 걸어가는 연인들을 보니까 부럽다.
- 그 사람은 항상 미소를 지으면서 다정하게 이야기를 한다.

**알맞다**
[알맏따]

형 suitable / 程よい / 合适
- 이 글의 제목으로 알맞은 것을 고르십시오.
- 고기가 알맞게 익어서 맛있다.

**영원하다**
[영원하다]

형 eternal / 永遠だ / 永远
- 사랑을 처음 시작할 때는 그것이 영원할 것이라고 믿는다.
- 지금 이 순간이 영원했으면 좋겠어.

**비키다**
[비키다]

동 step aside, leave somebody alone / よける / 让
- 제가 지나갈 수 있도록 조금만 비켜 주십시오.
- 두 사람만 이야기를 할 수 있도록 미영 씨는 자리를 비켜 주었다.

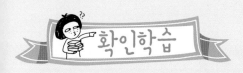

✳ **[1–2] 다음 빈칸에 공통으로 들어갈 단어를 〈보기〉에서 골라 '기본형'으로 쓰십시오.**

┌─ 보기 ─────────────────────────────────────────────────┐
│  잡다            나타나다            틀다            막다  │
└──────────────────────────────────────────────────────┘

**1** 야구 경기에서 공을 (          ) 뛰다가 넘어졌다.

　 정말 좋은 기회니까 고민하지 말고 빨리 (              ).

　　　　　　　　　　　　　　　　　　_____

**2** 길을 (          ) 거기에 서 있지 말고 좀 비켜 주십시오.

　 나는 컴퓨터 고장 때문에 중요한 자료를 잃어버리는 것을 (          )기 위해서

　 항상 자료를 따로 저장해 둔다.

　　　　　　　　　　　　　　　　　　_____

✳ **[3–6] 다음 빈칸에 들어갈 단어를 〈보기〉에서 골라 알맞게 쓰십시오.**

┌─ 보기 ─────────────────────────────────────────────────────┐
│  익다        만지다        나타나다        다정하다        알맞다  │
└──────────────────────────────────────────────────────────┘

**3** 처음에 일을 할 때는 서툴러서 힘들었는데 이제는 일이 손에 _____ -았/었다.

**4** 조사 결과 20~30대 여성들은 다이어트에 가장 관심이 많은 것으로 _____ -았/었다.

**5** 다친 곳을 자꾸 손으로 _____ -(으)면 잘 낫지 않는다.

**6** 지금은 그 이야기를 하기에 _____ -(으)ㄴ/는 때가 아니니까 나중에 다시 이야

　 기합시다.

✳ **[7–8] 다음 밑줄 친 단어의 반대말을 쓰십시오.**

**7** 한국에 여행을 오는 일본인 관광객의 숫자가 <u>증가</u>하고 있다.　 (　　　　　　)

**8** 저는 백화점은 물건값이 너무 <u>비싸서</u> 잘 안 가요.　 (　　　　　　)

Day 32

✔ 31일 단어 체크

| 감소하다 | ☐ | 부분 | ☐ | 저렴하다 | ☐ | 나타나다 | ☐ | 잡다 | ☐ |
| 익다 | ☐ | 틀다 | ☐ | 이기적 | ☐ | 여부 | ☐ | 폭설 | ☐ |
| 만지다 | ☐ | 회원 | ☐ | 막다 | ☐ | 배우자 | ☐ | 상하다 | ☐ |

TOPIK 빈출 어휘

**경제적**
[경제적]

명 economic / 経済的 / 经济的
- 내 친구는 경제적으로 어려워서 유학을 포기했다.
- 결혼을 하기 위해서는 우선 경제적인 능력을 갖추어야 한다.

**만족**
[만족]

명 satisfaction / 満足 / 满足
만족하다
- 미영 씨는 지금 직장에서 만족을 느끼고 열심히 일하고 있다.
- 그 식당 가격에는 만족하지만 서비스가 마음에 들지 않는다.

**발전**
[발쩐]

명 development / 発展 / 发展
발전하다 / 발전되다
- 30년 전에 비해서 한국 경제가 많이 발전해서 사람들의 생활이 더 나아졌다.
- 윤오 씨는 자기 발전을 위해 열심히 노력하고 있다.

**보관**
[보관]

명 storage / 保管 / 保管
보관하다 / 보관되다
- 이 물건은 깨지기 쉬우니까 보관에 주의하세요.
- 음식이 상할 수 있으니까 냉장고에 보관하세요.

| 이익 | 명 profit / 利益 / 利益 |
|---|---|
| [이익] | 반 손해 |

• 이 식당은 손님이 많이 와서 한 달에 이익이 500만 원이 넘는다고 한다.
• 자동차를 팔아서 200만 원의 이익을 얻었다.

| 불안하다 | 형 nervous / 不安だ, 心もとない / 不安 |
|---|---|
| [부란하다] | |

• 문을 잘 잠그고 나왔는지 기억이 나지 않아서 불안하다.
• 미영이가 밤늦도록 집에 들어오지 않아서 불안한 마음에 미영이에게 계속 전화를 걸었다.

| 줄어들다 | 동 descrease / 減る / 減少 |
|---|---|
| [주러들다] | …이/가 줄어들다 |
| | 반 늘어나다 |

• 요즘에는 경제적인 문제 때문에 해외여행을 가는 사람들의 수가 많이 줄어들었다.
• 이번 일은 윤오 씨와 나누어서 하기로 해서 내가 해야 할 일이 줄어들었다.

TOPIK 중요 어휘

| 부담 | 명 burden / 負担 / 负担 |
|---|---|
| [부담] | |

• 부모들은 아이들을 키우는 데 경제적으로 부담을 느낀다고 한다.
• 너무 비싼 선물은 상대방에게 부담이 될 수 있다.

| 승진 | 명 promotion / 昇進 / 升职 |
|---|---|
| [승진] | 승진하다 / 승진되다 |

• 아버지께서 이번 달에 과장에서 부장으로 승진하셔서 우리 가족은 모두 기뻐했다.
• 윤오 씨는 승진한 기념으로 동료들에게 한턱내기로 했다.

| 안부 | 명 greeting (how someone is) / 安否 (を伝える) / 问候, 安否 |
|---|---|
| [안부] | |

• 선생님의 안부가 궁금해서 오랜만에 전화를 드렸다.
• 오랜만이네요. 어머님은 잘 계시죠? 어머님께 안부 좀 전해 주세요.

| | |
|---|---|
| **응원**<br>[응원] | 몡 cheer / 応援 / 助威<br>응원하다<br>• 어머니는 이번 말하기 대회에서 잘하라고 나를 응원해 주셨다.<br>• 내가 응원하는 야구팀이 우승해서 기분이 좋다. |
| **접수**<br>[접쑤] | 몡 receiving (application) / 受付 / 接受, 接收<br>접수하다 / 접수되다<br>• 대학교 입학 서류를 사무실에 접수했다.<br>• 신청서를 접수해 주시면 저희가 연락을 드리겠습니다. |
| **활동적**<br>[활똥적] | 몡 active / 活動的 / 好动<br>• 얌전한 미영 씨와는 달리 윤오 씨는 활동적이라서 운동을 좋아한다.<br>• 조용한 사람보다 스포츠 등을 좋아하는 활동적인 사람이 좋다. |
| **감다**[02]<br>[감따] | 동 wash (hair) / (髪を) 洗う / 洗 (头发)<br>• 내 친구는 시험을 보기 전에는 머리를 감지 않는다고 한다.<br>• 오늘 약속이 있어서 머리도 감고 샤워도 했다. |
| **기르다**<br>[기르다] | 동 raise / (動物を) 飼う, (花を) 栽培する / 养<br>윤 키우다<br>• 김 선생님은 기르고 있는 꽃에 물을 주었다.<br>• 아파트에서 애완동물을 기르는 것에 대해 어떻게 생각하십니까? |
| **꺼내다**<br>[꺼내다] | 동 take out / 取り出す / 拿 (出)<br>• 친구를 기다리는 동안 가방에서 책을 꺼내 읽었다.<br>• 은행에 통장을 만들러 갔는데 신분증이 필요하다고 해서 지갑에서 신분증을<br>꺼내 주었다. |
| **도망가다**<br>[도망가다] | 동 run away / 逃げる / 奔逃<br>• 어떤 사람이 내 차에 있는 가방을 훔쳐서 도망갔다.<br>• 쥐들은 고양이를 보자마자 도망가기 시작했다. |

**밀리다**

[밀리다]

동 **get behind in** / 滞る / 堆积, 挤

• 고향에서 친구가 와서 놀기만 했더니 숙제가 많이 밀렸다.

• 집에서 일찍 나왔는데 차가 밀려서 약속에 늦었다.

**빌다**

[빌다]

동 **wish** / 祈る / 祈祷, 祈祝

• 엄마는 아이가 대학에 합격하면 좋겠다는 소원을 빌었다.

• 윤오 씨, 케이크에 불을 끄기 전에 소원을 빌어야지요.

**새다**

[새다]

동 **leak** / 漏る / 漏

···이/가 새다

• 그 집은 오래 돼서 비가 오면 물이 샌다.

• 가방 안에 넣어 놓은 음료수가 새서 책이 젖었다.

**어울리다**[02]

[어울리다]

동 **get along with** / 付き合う / 协调

···와/과 어울리다

• 윤오 씨는 성격이 좋아서 어떤 사람과도 잘 어울려서 논다.

• 윤오 씨는 친구들과 어울려서 밤새도록 놀았다.

**흐르다**

[흐르다]

동 **flow** / 流れる / 流, 流逝

···이/가 흐르다

• 물은 높은 곳에서 낮은 곳으로 흐른다.

• 오랜 시간이 흘렀지만 여기는 변한 것이 없다.

32

33

## TOPIK 추천 어휘

**껍질**

[껍찔]

명 **peel** / 皮 / 皮

• 사과를 먹을 때는 껍질을 깎지 않고 그냥 먹으면 더 좋다고 한다.

• 바나나 껍질을 밟고 미끄러져서 넘어질 뻔했다.

**상처**
[상처]

㉠ injury / 傷 / 伤口

- 길에서 넘어져서 상처가 생겼다.
- 상처가 생겼을 때는 빨리 약을 발라야 한다.

**연체료**
[연체료]

㉠ late fee / 延滞料 / 拖欠费

- 휴대 전화 요금을 내지 않아서 기본료에 연체료까지 내야 한다.
- 연체료를 낼 때는 돈이 아깝다는 생각이 든다.

**폭우**
[포구]

㉠ heavy rain / 暴雨 / 暴雨

- 이번 폭우로 인해서 전국 대부분의 지역에서 홍수가 났다.
- 이번 폭우의 원인은 지구 온난화 때문이라고 한다.

**조그맣다**
[조그마타]

㉱ tiny / やや小さい, ちっちゃい / 纤小, 细小

- 아기의 조그만 손을 잡으면 행복해진다.
- 지하철에서 대화를 할 때는 조그만 소리로 이야기하시기 바랍니다.

**친근하다**
[친근하다]

㉱ close (to) / 親近だ, 非常に親しいこと / 亲密

㉨ 친숙하다

- 그 영화배우는 옆집 형과 같은 친근한 느낌을 준다.
- 아버지는 좀 무서운 편이라 어릴 때는 어머니가 더 친근하게 느껴졌다.

**찾아내다**
[차자내다]

㉡ find (out) / 探し出す / 找到

- 경찰은 도망간 범인을 부산의 한 찜질방에서 찾아냈다.
- 그동안 아무도 해결하지 못한 문제의 답을 윤오 씨가 찾아냈다.

**각각**
[각깍]

㉲ each / それぞれ / 个个

㉨ 따로따로

- 18쪽과 38쪽을 각각 2장씩 복사해 주세요.
- 절대 이해할 수 없는 행동에 대해 남자와 여자는 각각 다른 대답을 했다.

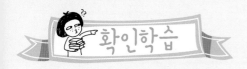

※ [1~2] 다음 빈칸에 공통으로 들어갈 단어를 〈보기〉에서 골라 '기본형'으로 쓰십시오.

1 미영 씨는 눈을 (                    ) 이야기를 들었다.
　나는 저녁보다는 아침에 머리를 (                    ) 습관이 있다.
　　　　　　　　　　　　　　　　　　　　　　　　　　　　　　　　_____

2 윤오 씨는 친구들과 (                    ) 노래방으로 갔다.
　미영 씨에게는 파란색이 잘 (                    ).
　　　　　　　　　　　　　　　　　　　　　　　　　　　　　　　　_____

※ [3~5] 다음 밑줄 친 단어와 의미가 비슷한 단어를 쓰십시오.

3 비빔밥을 만들기 위해 준비한 재료를 <u>따로따로</u> 그릇에 담았다.　(　　　　　)

4 요즘은 아파트에서도 애완동물을 <u>키우는</u> 사람들이 많다고 한다. (　　　　　)

5 윤오 씨를 위해서 <u>작은</u> 선물을 준비했어요.　　　　　　　　　　(　　　　　)

※ [6~10] 다음 빈칸에 들어갈 단어를 〈보기〉에서 골라 알맞게 쓰십시오.

보기

| 응원하다 | 밀리다 | 흐르다 | 꺼내다 | 발전(하다) | 줄어들다 |

6 과일은 _____ -(으)ㄴ/는 물에 씻어야 깨끗하다고 한다.

7 옷장에서 내가 좋아하던 옷을 _____ -아/어서 입으려고 했는데 그 옷이 보이지 않았다.

8 오늘은 그동안 하지 못한 _____ -(으)ㄴ/는 숙제를 해야 해서 놀 시간이 없다.

9 국가의 경제 _____ 을/를 위해서는 국민 모두가 열심히 일해야 한다.

10 미영 씨가 이사를 가고 난 후 우리는 만날 기회가 점점 _____ -고 있다.

Day

TOPIK 필수 어휘

## 면접
[면접]

명 interview / 面接 / 面试

…을 보다

• 대학원에 입학하기 위해서 면접을 보러 갔다.

• 그 회사에 입사하기 위해서는 필기시험과 면접시험을 봐야 합니다.

## 설문
[설문]

명 survey / 設問, アンケート / 问卷调查

관 설문 조사

• 전국 남녀 고등학생 100명을 대상으로 설문 조사를 했습니다.

• 외국인들이 가고 싶어 하는 관광지에 대해서 설문 조사를 한 결과는 다음과 같다.

## 식품
[식품]

명 food / 食料品 / 食品

• 냉동식품을 많이 먹는 것은 건강에 좋지 않다.

• 여름철에는 식품을 보관할 때 상하지 않도록 조심해야 한다.

## 전달
[전달]

명 delivery / 伝達 / 传达

전달하다 / 전달되다

• 김 선생님께 이 서류를 전달해 주시겠어요?

• 내일까지 숙제를 내라는 선생님의 말씀을 미영 씨에게 전달했다.

| 제공<br>[제공] | 명 offer / 提供 / 提供 |
|---|---|
| | 제공하다 / 제공되다 |
| | • 학교에서는 시험 기간에 열심히 공부하는 학생들을 위해 무료로 음식을 제공한다. |
| | • 출장을 갈 때는 회사에서 교통비와 숙박비가 제공된다. |
| 여유<br>[여유] | 명 spare (time, money) / 余裕 / 余裕, 空闲 |
| | • 요즘 일이 너무 많아서 친구들을 만날 여유가 없어요. |
| | • 아무리 바쁘더라도 조금 여유를 가지고 생각해 보세요. |

TOPIK 중요 어휘

| 사회적<br>[사회적] | 명 social / 社会的 / 社会 |
|---|---|
| | • 교수, 의사, 변호사 등은 사회적으로 높은 위치에 있는 직업이다. |
| | • 대학교 등록금이 비싸서 최근 사회적으로 문제가 되고 있다. |
| 위로<br>[위로] | 명 consolation / 慰労 / 安慰 |
| | 위로하다 / 위로되다 |
| | • 내가 많이 힘들 때 친구들에게 위로를 받았다. |
| | • 친구가 시험에 떨어져서 위로해 주었다. |
| 인정<br>[인정] | 명 acknowledgment / 認め, 認定 / 承认, 认可 |
| | 인정하다 / 인정되다 |
| | • 미영 씨는 자신의 잘못을 인정하지 않았다. |
| | • 윤오 씨는 일을 잘해서 사장님께 인정받고 있다. |
| 정성<br>[정성] | 명 sincerity / 真心, 誠意 / 真诚, 心意 |
| | • 우리들의 작은 정성을 모아서 선물을 준비했다. |
| | • 선물은 가격보다 정성이 더 중요하다. |

33
34

| 특성<br>[특썽] | 명 feature / 特性 / 特性 |
|---|---|
| | • 그 사람은 업무의 특성 때문에 외국으로 출장을 자주 간다. |
| | • 제주도는 바람이 많이 부는 기후의 특성 때문에 돌로 만든 집이 많다. |

| 평화<br>[평화] | 명 peace / 平和 / 和平 |
|---|---|
| | • 전쟁이 끝나고 평화가 찾아왔다. |
| | • 세계 평화를 위해서 각국의 대표들이 모여서 회의를 했다. |

| 허락<br>[허락] | 명 permission / 承諾 / 允许 |
|---|---|
| | 허락하다 |
| | …을 받다 |
| | • 사장님께서 오늘은 일찍 집에 들어가도 된다고 허락해 주셨어요. |
| | • 부모님께 허락을 받아야 여행을 갈 수 있어요. |

| 흥미<br>[흥미] | 명 interest / 興味 / 兴趣 |
|---|---|
| | …가 있다 / 없다 |
| | • 나는 요즘 사진을 찍는 일에 흥미를 느끼고 있다. |
| | • 미영 씨는 운동을 하는 데에 별로 흥미가 없는 것 같다. |

| 갖다<br>[갇따] | 동 have / 持つ / 拿, 具有 |
|---|---|
| | 관 가지다 |
| | • 나는 항상 노트북과 전자사전을 갖고 다닌다. |
| | • 미영 씨는 이번에 새로 나온 휴대 전화를 갖고 싶어 한다. |

| 따라다니다<br>[따라다니다] | 동 follow / 付いて回る, 追い回す / 追, 跟随 |
|---|---|
| | • 동생은 내가 어디를 가든지 따라다닌다. |
| | • 우리 언니는 정말 예뻐서 학교 다닐 때 남자들이 많이 따라다녔다. |

| 부딪히다<br>[부디치다] | 동 be bumped into / ぶつけられる / 被碰 |
|---|---|
| | …에/에게 부딪히다, 와/과 부딪히다 |
| | • 지나가던 사람과 부딪혀서 넘어졌다. |
| | • 미영 씨는 자동차에서 내리다가 차 문에 머리를 부딪혔다. |

| 상하다<sup>02</sup> | 동 **get hurt** / (心や気持を) 損なう, 害する / 弄伤, 伤心 |
|---|---|

**상하다<sup>02</sup>**
[상하다]

동 **get hurt** / (心や気持を) 損なう, 害する / 弄伤, 伤心

···이/가 상하다

• 친구의 심한 농담 때문에 기분이 많이 상했다.
• 항상 어울려 다니던 친구와 싸워서 마음이 많이 상했다.

**설레다**
[설레다 ]

동 **be excited** / (胸が) ときめく, 騒ぐ / 激动

···이/가 설레다

• 소풍 전날 너무 설레어서 잠이 안 왔다.
• 내가 좋아하는 가수를 만날 생각에 마음이 많이 설렌다.

**정하다**
[정하다]

동 **set (appointment, rule)** / 決める / 决定

• 우리는 약속 장소를 명동으로 정했다.
• 같은 집에 사는 친구들과 집 안에서 지켜야 할 규칙을 정했다.

**타다<sup>02</sup>**
[타다]

동 **receive, get (salary, scholarship)** / (お金を) もらう, 受ける / 拿

관 받다

• 한국에서는 첫 월급을 타면 부모님께 속옷을 선물한다.
• 이번에 장학금을 타서 친구들에게 한턱냈다.

TOPIK 추천 어휘

**개봉**
[개봉]

명 **release** / (映画) 封切り / 开映

개봉하다 / 개봉되다

• 친구와 이번 주에 개봉하는 영화를 보러 가기로 했다.
• 내가 좋아하는 영화배우가 나오는 영화가 내일 개봉한다.

**눈치**
[눈치]

명 **wits** / (他人の) 顔色 / 眼色

···를 보다, ···가 빠르다, ···가 있다 / 없다

• 다른 사람의 눈치 보지 말고 하고 싶은 말을 하세요.
• 내 친구는 눈치가 빨라서 다른 사람들이 말하지 않아도 금방 안다.

| 아쉬움<br>[아쉬움] | 명 sorriness / 惜しいこと / 可惜 |
|---|---|

• 방학 동안 더 많은 곳을 여행하지 못한 것에 아쉬움을 느낀다.

• 열심히 노력했는데 우리 팀이 져서 아쉬움이 많이 남는다.

| 증상<br>[증상] | 명 symptom / 症状 / 症狀 |
|---|---|

• 병원에 가서 의사에게 증상을 설명했다.

• 감기에 걸렸을 때는 증상에 따라서 먹는 약이 다르다.

| 한편<br>[한편] | 명 on the other hand / 一方 / 一方面 |
|---|---|

• 친구에게 선물을 받아서 기분이 좋았지만 한편으로 부담이 되었다.

• 고향에 돌아간다고 생각하니까 한편으로는 기쁘고 한편으로는 아쉽기도 하다.

| 단순하다<br>[단순하다] | 형 simple / 単純だ / 简单 |
|---|---|

• 그 일은 생각했던 것보다 단순한 일이었다.

• 복잡한 일도 단순하게 생각해 보면 쉽게 해결할 수 있을 것이다.

| 단순히<br>[단순히] | 부 simply / 単純に / 仅仅, 只 |
|---|---|

• 그 일은 단순히 두 사람만의 문제가 아니라 우리 모두의 문제이다.

• 그 사람이 아무 이유 없이 단순히 우리를 도와줬을 리가 없다.

| 일단<br>[일딴] | 부 first / 一旦, ひとまず / 先, 一旦 |
|---|---|

관 우선

• 일단 차부터 한 잔 마시고 회의를 시작합시다.

• 화를 내기 전에 일단 내 이야기부터 들어 봐.

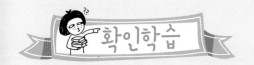
확인학습

※ [1~3] 다음 설명에 알맞은 단어를 〈보기〉에서 찾아 쓰십시오.

> 보기
>
> | 눈치 | 여유 | 특성 | 단순하다 | 인정 |

1  복잡하지 않고 간단함.                                    (                    )
2  확실히 그렇다고 생각함.                                  (                    )
3  그 사람이 말하지 않아도 그 사람의 마음을 그때그때 상황으로 아는 것
                                                          (                    )

※ [4~5] 다음 빈칸에 공통으로 들어갈 단어를 〈보기〉에서 골라 '기본형'으로 쓰십시오.

| 상하다 | 갖다 | 타다 | 정하다 |

4  너무 많이 (                    ) 고기는 건강에 안 좋으니까 드시지 마세요.
   이번에 월급을 (                    ) 디지털 카메라를 새로 샀다.
   이번 여름에 밖에서 운동을 많이 했더니 얼굴이 많이 (                    ).

   _____

5  날씨가 더운 여름철에는 음식이 잘 (                    ) 조심하세요.
   친구가 내 부탁을 거절해서 마음이 많이 (                    ).

   _____

※ [6~10] 다음 빈칸에 들어갈 단어를 〈보기〉에서 골라 알맞게 쓰십시오.

| 일단 | 설레다 | 위로하다 | 전달 | 허락 | 부딪히다 | 여유 |

6  요즘 바쁜 일이 다 끝나서 _____ 이/가 좀 생겼다.
7  오늘 회사에 첫 출근을 하는 날이어서 매우 _____ -ㄴ/는다.
8  뛰어가다가 문에 얼굴을 _____ -아/어서 피가 났다.
9  취업에 실패한 친구를 _____ -았/었다.
10 배가 너무 고픈데 _____ 밥부터 먹고 시작합시다.

33

34

203

Day

3 4

✔ 33일 단어 체크

| 식품 | ☐ | 아쉬움 | ☐ | 갖다 | ☐ | 특성 | ☐ | 정하다 | ☐ |
| 면접 | ☐ | 사회적 | ☐ | 타다 | ☐ | 설레다 | ☐ | 개봉하다 | ☐ |
| 여유 | ☐ | 제공 | ☐ | 위로 | ☐ | 부딪히다 | ☐ | 증상 | ☐ |
| 설문 | ☐ | 전달 | ☐ | 상하다 | ☐ | 허락 | ☐ | 한편 | ☐ |

TOPIK  빈출 어휘

**다행**
[다행]

명 fortune / 幸い (結構だ, よかった) / 幸亏

다행히

• 교통사고가 났지만 사람들이 다치지 않아서 다행이다.
• 길을 잃어버릴 뻔했는데 다행히 목적지에 도착할 수 있었다.

**역할**
[여칼]

명 role / 役割 / 作用, 角色

• 미영 씨의 성공에는 부모님의 역할이 가장 컸다.
• 요즘 내가 좋아하는 배우가 드라마에서 의사 역할로 나온다.

**영향**
[영향]

명 influence / 影響 / 影响

···을 주다 / 받다

• 아이들은 부모의 영향을 많이 받기 때문에 부모는 항상 행동을 조심해야 한다.
• 술을 마시는 일은 청소년의 건강에 나쁜 영향을 줄 수 있다.

**빠지다**[01]
[빠지다]

동 be addicted to / (愛に) 溺れる / 掉进, 沉溺, 陷入

···에 빠지다

• 나는 그 사람을 처음 본 순간 사랑에 빠졌다.
• 우리 아이는 요즘 컴퓨터 게임에 빠져서 공부를 하지 않아요.

**참다**
[참따]

동 put up with / こらえる, 耐える / 忍耐
- 김 교수님의 수업은 너무 지루해서 졸음을 참을 수가 없다.
- 다른 사람에게 화가 나더라도 참고 대화로 해결하는 것이 좋다.

**더욱**
[더욱]

부 more / 一層, もっと / 更
- 의사는 할아버지의 건강이 지난주보다 더욱 나빠져서 수술을 해야 한다고 했다.
- 윤오는 시험 날짜가 가까워질수록 더욱 열심히 공부하고 있다.

**무조건**
[무조껀]

부 unconditionally / 無条件 / 无条件
- 미영 씨는 그와 싸운 후에 그의 의견에 무조건 반대했다.
- 엄마는 나의 말을 듣지도 않고 무조건 화부터 냈다.

**오히려**
[오히려]

부 rather / 却って, むしろ / 反而
- 눈이 좋은 사람은 안경을 쓰면 오히려 잘 안 보인다.
- 친구가 잘못을 했는데 사과를 하지 않고 오히려 나에게 화를 냈다.

TOPIK 중요 어휘

**보고**
[보고]

명 report / 報告 / 报告
보고하다 / 보고되다
관 보고서

- 이번 일의 결과를 사장님께 보고하려고 한다.
- 교수님께서 보고서를 이번 주 금요일까지 내라고 하셨다.

**분실**
[분실]

명 loss / 紛失 / 遗失
분실하다 / 분실되다

- 지하철에서 분실한 물건은 지하철역 사무실로 가면 쉽게 찾을 수 있다.
- 우리 반 학생들의 여행비를 모아 놓은 봉투가 분실되는 일이 일어났다.

**욕심**
[욕씸]

명 greed / 欲 / 欲望
- 모든 과목에서 100점을 받겠다는 욕심을 버렸다.
- 내 동생은 욕심이 많아서 항상 내 것까지 먹는다.

| | |
|---|---|
| **정신**<br>[정신] | 몡 consciousness / 精神 / 精神<br>• 요즘 너무 바빠서 정신이 없다.<br>• 부자가 되기 위해서는 절약 정신이 필요하다. |
| **평생**<br>[평생] | 몡 entire life / 一生 / 平生, 一辈子<br>• 우리 할머니는 돌아가실 때까지 평생 동안 이 마을에서 사셨다.<br>• 황 선생님은 이 학교에서 평생 일하셨다. |
| **홍보**<br>[홍보] | 몡 public relations / 広報 / 宣传<br>홍보하다<br>• 외국인 관광객들에게 한국을 알리는 홍보 포스터를 만들었다.<br>• 회사의 신제품을 홍보하기 위해 직원들이 직접 명동에 나갔다. |
| **지저분하다**<br>[지저분하다] | 혱 dirty / むさ苦しい, 汚い / 乱七八糟, 肮脏<br>• 엄마는 나에게 방이 지저분하니까 청소하라고 했다.<br>• 축제가 끝난 후에 쓰레기 때문에 거리가 지저분해졌다. |
| **편찮다**<br>[편찬타] | 혱 sick (honorific) / (調子が) 悪い / 欠安<br>관 아프다<br>• 오늘 어머니께서 편찮으셔서 집에 일찍 가려고 한다.<br>• 우리 할아버지께서는 편찮으신 지 오래되었다. |
| **평범하다**<br>[평범하다] | 혱 ordinary / 平凡だ / 平凡<br>• 내 남편은 남들과 특별히 다르지 않은 평범한 회사원이다.<br>• 그녀는 특별히 예쁘거나 못생기지 않은 평범한 외모를 가지고 있다. |
| **갚다**<br>[갑따] | 동 repay / (お金を) 返す / 偿还<br>관 돌려주다<br>• 지난달에 친구에게 빌린 돈을 갚아야 한다.<br>• 은행에서 빌린 돈을 갚기 위해 열심히 일하고 있다. |
| **싸다**<br>[싸다] | 동 pack (up) / (弁当を) つくる / 做 (盒饭), 准备 (行李)<br>• 친구들과 공원에 놀러 가기 전에 집에서 도시락을 쌌다.<br>• 내일 여행을 가기 위해 짐을 싸고 있다. |

| 찌다<br>[찌다] | 图 gain weight / 太る / 发胖 |

**찌다**
[찌다]
图 gain weight / 太る / 发胖
- 겨울 동안 추워서 운동을 하지 않았더니 살이 쪘다.
- 작년보다 살이 5kg이나 쪄서 작년에 입던 옷을 입을 수 없다.

**차다**⁰¹
[차다]
图 be full / 満ちる / 满
···이/가 차다
- 지하철 안은 출근하는 사람들로 꽉 차서 움직일 수 없다.
- 쓰레기통이 꽉 차서 비워야겠다.

**당장**
[당장]
图 right now / 直ちに / 马上
- 이 일은 중요하기 때문에 미루지 말고 당장 해야 한다.
- 머리가 아팠는데 약을 먹었더니 당장 효과가 나타났다.

**함부로**
[함부로]
图 carelessly / むやみに / 随便
- 다른 사람의 물건을 함부로 만지면 안 된다.
- 깊이 생각하지 않고 함부로 다른 사람을 평가하는 것은 좋지 않다.

## TOPIK 추천 어휘

**검색**
[검색]
图 search / 検索する / 搜查
검색하다
- 공항에서는 위험한 물건이 있는지 몸이나 가방을 검색하는 경우가 있다.
- 해외여행을 가기 전에 저렴한 호텔을 찾기 위해 인터넷을 검색했다.

**매력**
[매력]
图 attraction / 魅力 / 魅力
- 그 사람은 멋지지는 않지만 특별한 매력이 있다.
- 그 영화배우는 그 역할에 매력을 느껴서 영화에 출연하기로 결심했다.

**비관적**
[비관적]
图 pessimistic / 悲観的 / 悲观
🕘 낙관적
- 전문가들은 앞으로의 세계 경제가 비관적일 것이라고 말한다.
- 그 일에 대해서 비관적으로 생각하지 마세요. 다 잘될 거예요.

| | |
|---|---|
| **최대**<br>[최대] | 명 **maximum** / 最大 / 最 (高, 多)<br>반 최소<br>• 한국의 고속도로에서 자동차가 달릴 수 있는 최대 속도는 110km이다.<br>• 이 극장에서 영화를 한번에 관람할 수 있는 사람의 수는 최대 250명이다. |
| **충고**<br>[충고] | 명 **advice** / 忠告, いさめ / 劝告, 忠告<br>충고하다<br>• 건강을 위해서 운동을 하는 것이 좋겠다는 충고를 들었다.<br>• 부모님께서는 친구에게 빨리 사과하는 것이 좋겠다고 충고하셨다. |
| **올리다**<sup>01</sup><br>[올리다] | 동 **lift, put on** / 上せる / 往上放, 放在<br>반 내리다<br>• 팔을 머리 위로 올리세요.<br>• 책상 위에 올려놓은 지갑이 없어졌다. |
| **찢다**<br>[찓따] | 동 **tear** / 破る, 裂く / 撕<br>• 미영 씨는 남자 친구와 헤어진 후 함께 찍었던 사진을 모두 찢었다.<br>• 영수증은 그냥 버리지 말고 찢어서 버리세요. |
| **거꾸로**<br>[거꾸로] | 부 **upside down, inside out, backward** / 逆さまに, 逆に / 相反地<br>• 옷을 거꾸로 입은 줄 모르고 학교에 갔다.<br>• '일요일'은 거꾸로 읽어도 '일요일'이다. |
| **몹시**<br>[몹씨] | 부 **extremely** / ひどく, 非常に / 非常<br>유 대단히<br>• 미영 씨는 친구와 싸우고 몹시 화가 나서 휴대 전화를 던져 버렸다.<br>• 오랜만에 보고 싶은 친구에게 연락했지만 몹시 바쁜 것 같았다. |

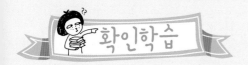

✳ [1-3] 다음 단어와 단어에 맞는 설명을 알맞게 연결하십시오.

1  생각하지 못했는데 일이 잘 되었을 때  •                                      •  ①분실

2  나도 모르게 물건을 잃어버리는 것  •                                        •  ②다행

3  태어나서 죽을 때까지  •                                                     •  ③평생

✳ 다음 빈칸에 공통으로 들어갈 단어를 〈보기〉에서 골라 '기본형'으로 쓰십시오.

| 보기 | | | | |
|------|------|------|------|------|
| 찢다 | 싸다 | 차다 | 찌다 | 참다 |

4  이 옷은 디자인이 예쁠 뿐만 아니라 가격도 (                    ).

   점심 때 먹을 도시락을 (                  ) 지각했다.

   이사를 가는 친구가 나에게 짐을 (                  ) 것을 도와 달라고 했다.

   _____

✳ [5-8] 다음 빈칸에 들어갈 단어를 〈보기〉에서 골라 알맞게 쓰십시오.

| 최대 | 비관적 | 지저분하다 | 편찮다 | 보고(하다) |
|------|--------|-----------|--------|-----------|

5  할아버지께서 _____ -아/어서 누나는 하루 종일 할아버지를 보살펴 드렸다.

6  출장에서 돌아오자마자 사장님은 출장 결과를 _____ -(으)라고 하셨다.

7  동생과 장난감을 가지고 논 후에 방이 _____ -아/어서 청소를 했다.

8  이 버스는 _____ 45명까지 탈 수 있습니다.

34

35

Day 35

✔ 34일 단어 체크

| | | | | | | | | | |
|---|---|---|---|---|---|---|---|---|---|
| 비관적 | ☐ | 참다 | ☐ | 역할 | ☐ | 빠지다 | ☐ | 무조건 | ☐ |
| 영향 | ☐ | 오히려 | ☐ | 편찮다 | ☐ | 함부로 | ☐ | 갚다 | ☐ |
| 분실 | ☐ | 보고 | ☐ | 지저분하다 | ☐ | 당장 | ☐ | 검색 | ☐ |
| 찢다 | ☐ | 최대 | ☐ | 충고 | ☐ | 몹시 | ☐ | 올리다 | ☐ |

## TOPIK 필수 어휘

| 도전<br>[도전] | 몡 challenge / 挑戰 / 挑战<br>도전하다<br>• 그 배우는 이번 영화에서 지금까지 하지 않았던 역할에 도전했다.<br>• 이번 시험에 실패하더라도 내년에 다시 도전할 것이다. |
|---|---|
| 연극<br>[연극] | 몡 play / 演劇 / 演剧<br>관 영화<br>• 나는 배우들을 실제로 볼 수 있기 때문에 영화보다 연극을 좋아한다.<br>• 주말에 대학로는 연극을 보러 온 사람들로 아주 복잡하다. |
| 연기<br>[연기] | 몡 delay / 延期 / 演技, 延期<br>연기하다 / 연기되다<br>• 과장님께서 이번 주 금요일 회의를 다음 주 월요일로 연기하셨다.<br>• 갑자기 내린 비로 인해 오늘 경기가 내일로 연기되었다. |
| 온도<br>[온도] | 몡 temperature / 溫度 / 温度<br>• 방 안의 온도가 너무 높아서 에어컨을 틀었다.<br>• 온도가 0도 이하가 되면 물이 언다. |

**가득**
[가득]

🖳 full (of) / いっぱいに, ぎっしりと / 满

가득하다

• 공연장이 공연을 보러 온 사람들로 가득 차서 아주 복잡하다.
• 너무 더워서 그러는데 컵에 얼음을 가득 담아 주시겠어요?

**배려**
[배려]

🖳 consideration / 心遣い / 照顾

배려하다

• 윤오 씨는 다리를 다친 미영 씨를 배려해서 천천히 걸었다.
• 공공장소에서는 다른 사람에 대한 배려가 필요하다.

**선호**
[선호]

🖳 preference / 選り好み / 更喜欢

선호하다

• 영국 사람들은 커피보다 차를 선호한다.
• 요즘 사람들은 종이로 된 신문을 보는 것보다 인터넷으로 뉴스를 보는 것을
선호한다.

**행사**
[행사]

🖳 event / 行事 / 活动

• 올림픽은 국제적인 행사라서 많은 나라들이 참가한다.
• 행사 홍보를 위해서 게시판에 포스터를 붙이고 텔레비전에 광고를 했다.

**소용없다**
[소용업따]

🖳 useless / しようがない, 無駄だ / 没有用

• 지나간 일을 후회해 봤자 소용없다.
• 이미 약속 시간에 늦어서 지금 가 봤자 소용없다.

**솔직하다**
[솔찌카다]

🖳 honest / 率直だ / 坦率

• 미영 씨는 거짓말을 하지 않는 솔직한 성격이다.
• 윤오 씨는 어제 있었던 일을 사실대로 솔직하게 이야기했다.

35
36

**아깝다**
[아깝따]

형 grudging / 惜しい、もったいない / 可惜
- 영화가 너무 재미없어서 돈이 아까울 정도였다.
- 하루 종일 컴퓨터 게임만 하고 나니 시간이 아깝다는 생각이 들었다.

**자연스럽다**
[자연스럽따]

형 natural / 自然だ / 自然
- 두 배우의 연기가 너무 자연스러워서 나는 두 사람이 정말 사귀는 줄 알았다.
- 한국에 오래 살다 보니까 자연스럽게 한국어 실력이 늘었다.

**앞두다**
[압뚜다]

동 have something ahead / 控える / (圣诞节, 考试) 前几天
- 크리스마스를 앞두고 백화점은 세일을 시작했다.
- 미영 씨는 다음 달에 중요한 시험을 앞두고 있어서 요즘 너무 바쁘다.

**잠기다**
[잠기다]

동 be locked / (門などが) 閉まる、閉ざされる / 被锁
- 문이 잠겨서 안으로 들어갈 수 없다.
- 교실 문이 잠겨 있어서 선생님께 열어 달라고 했다.

**쳐다보다**
[쳐다보다]

동 stare / 眺める、見つめる / 看
- 문을 열고 들어갔더니 방 안에 있던 사람들이 모두 나를 쳐다봤다.
- 식당에서 옆 자리에 앉은 사람들이 너무 시끄러워서 한번 쳐다봤다.

**흘리다**
[흘리다]

동 cry, sweat / 流す / 流
- 영화가 너무 슬퍼서 눈물을 흘렸다.
- 날씨가 더운데도 미영 씨는 밖에서 땀을 흘리면서 일을 하고 있다.

**마침내**
[마침내]

부 finally / 遂に、いよいよ / 终于
유 끝내

- 7년 동안 사귀던 두 사람이 마침내 결혼을 했다.
- 10년 동안 계속되던 전쟁이 마침내 끝났다.

# TOPIK 추천 어휘

**굵다**
[국따]

형 thick / 太い / 粗

반 가늘다

• 달리기를 하면 살을 뺄 수는 있지만 다리는 굵어진다.

• 손가락이 굵어서 반지가 들어가지 않는다.

**자유롭다**
[자유롭따]

형 free / 自由だ / 自由

• 우리 회사는 출퇴근 시간이 자유로워서 아주 편하다.

• 하늘 높이 나는 새가 정말 자유로워 보인다.

**친숙하다**
[친수카다]

형 familiar / 親しい / 耳熟, 熟

유 친근하다

• 그 사람의 이름은 친숙한데 어디에서 들었는지 기억이 나지 않는다.

• 윤오 씨와는 오늘 만났지만 예전부터 알던 사이처럼 친숙하다.

**나타내다**
[나타내다]

동 show / 表す / 表现

• 한국어의 높임말은 한국 문화의 특징을 잘 나타낸다.

• 윤오 씨의 표정은 복잡한 마음을 잘 나타내고 있다.

**뵙다**
[뵙따]

동 meet (honorific) / お目にかかる / 看 (敬语)

유 뵈다

• 그렇지 않아도 선생님을 뵙고 말씀드리려던 참이었어요.

• 이번 연휴에 우리 가족은 할아버지를 뵙기 위해서 부산에 가려고 한다.

**살펴보다**
[살펴보다]

동 examine / 見回す / 察看

• 물건을 구입하기 전에는 잘못된 부분은 없는지 잘 살펴보아야 한다.

• 길을 건너기 전에는 양 옆을 잘 살펴본 후에 건너십시오.

35

36

| 혼내다 | 동 **scold** / 叱る / 训 |
|---|---|
| [혼내다] | • 선생님이 학교에 늦은 학생을 혼내고 있다. |
| | • 아이가 잘못을 하더라도 너무 혼내지 마세요. |

| 내내 | 부 **throughout** / ずっと / 始终 |
|---|---|
| [내내] | • 어제 잠을 자지 못해서 수업 시간 내내 졸았다. |
| | • 어제 본 영화는 너무 재미있어서 보는 내내 계속 웃었다. |

| 솔직히 | 부 **frankly** / 率直に / 坦率地 |
|---|---|
| [솔찌키] | • 친구 때문에 백화점에 자주 가기는 하지만 솔직히 나는 쇼핑을 별로 좋아하지 않는다. |
| | • 모르면 모른다고 솔직히 말하는 것이 아는 척하는 것보다 낫다. |

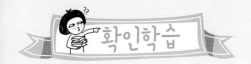

✳ [1-3] 다음 설명에 알맞은 단어를 〈보기〉에서 찾아 쓰십시오.

| 보기 | | | |
|---|---|---|---|
| 연기 | 선호 | 내내 | 행사 |

1 처음부터 끝까지 계속해서                                    (            )
2 여러 가지 중에서 특별히 좋아함.                            (            )
3 정해진 시간을 뒤로 미룸.                                   (            )


✳ [4-7] 다음 빈칸에 들어갈 단어를 〈보기〉에서 골라 알맞게 쓰십시오.

| 흘리다 | 잠기다 | 나타내다 | 뵙다 | 배려하다 |
|---|---|---|---|---|

4 전화로 말씀 드리기에는 너무 복잡한 일이라서 직접 _____ -고 말씀드리겠습니다.
5 땀을 많이 _____ -았/었으니까 샤워부터 하고 밥 먹어.
6 문이 _____ -아/어 있는데 좀 열어 주시겠습니까?
7 다리가 불편하신 할머니를 _____ -아/어서 자리를 양보했다.


✳ [8-9] 다음 밑줄 친 단어의 반대말을 쓰십시오.

8 미영 씨는 다리가 굵어서 짧은 치마를 잘 입지 않는다.      (                    )
9 식사량을 줄이고 운동을 하면 살이 빠지게 마련이다.       (                    )


✳ [10-11] 다음 밑줄 친 단어와 비슷한 단어를 쓰십시오.

10 어머니께서 지금 당장 손을 씻고 오라고 하셨다.          (                    )
11 매일 싸우기만 하더니 마침내 두 사람은 헤어졌다.        (                    )

35

36

Day 3 6

✓ 35일 단어 체크

| 도전 | ☐ | 가득 | ☐ | 소용없다 | ☐ | 아깝다 | ☐ | 마침내 | ☐ |
| 자연스럽다 | ☐ | 앞두다 | ☐ | 선호하다 | ☐ | 배려 | ☐ | 솔직하다 | ☐ |
| 나타내다 | ☐ | 살펴보다 | ☐ | 친숙하다 | ☐ | 자유롭다 | ☐ | | |

TOPIK 빈출 어휘

| 근무 | 명 work / 勤め, 勤務 / 工作 |
| [근무] | 근무하다 |

• 우리 언니는 한국에 있는 회사에서 근무하고 있다.
• 우리 회사의 근무 시간은 오전 10시부터 오후 5시까지입니다.

| 발견 | 명 discovery / 発見 / 发现 |
| [발견] | 발견하다 / 발견되다 |

• 박사님은 그동안 알려지지 않았던 새로운 종류의 식물을 발견했다.
• 이번에 발견된 물건은 한국의 오래된 역사를 보여 주는 것이라고 한다.

| 인상02 | 명 rise / 引き上げ / 涨 (价) |
| [인상] | 인상하다 / 인상되다 |
| | 반 인하 / 인하하다 |

• 버스 요금이 900원에서 1200원으로 인상되었다.
• 회사는 올해부터 직원들의 월급을 인상하기로 결정했다.

| 맡다01 | 동 take on / 受け持つ / 承担 |
| [맏따] | |

• 윤오 씨는 부모님의 뒤를 이어 그 회사를 맡게 되었다.
• 이 일은 활동적인 윤오 씨가 맡는 게 좋을 것 같아요.

**빠지다**[02]
[빠지다]

동 drop out / 抜ける / 不参加, 旷课
- 이번 동창회에 또 빠지면 앞으로 친구들을 만나기가 어려울 것 같다.
- 윤오 씨는 친구들과 어울려 노느라고 수업에 또 빠졌다.

**알아보다**[01]
[아라보다]

동 investigate / 調べる / 打听, 了解
- 이번 여행은 어디로 가는 것이 좋을지 인터넷으로 좀 더 알아보았다.
- 모임 장소가 어디에 있는지 알아본 후에 출발했다.

**취하다**
[취하다]

동 take (a rest) / (休息を) 取る / 取得, 采取
- 운동을 하고 난 후에는 적당한 휴식을 취해야 합니다.
- 수술은 잘 끝났으니까 걱정하지 마시고 안정을 취하십시오.

**꾸준히**
[꾸준히 ]

부 constantly / こつこつと / 不断地
- 운동을 꾸준히 해야 건강을 유지할 수 있다.
- 미영 씨는 중국어를 공부하기 위해 중국어 신문을 꾸준히 읽고 있다.

TOPIK 중요 어휘

**나머지**
[나머지]

명 the rest / 余り, 残り / 剩余
- 이 돈으로 책을 사고 나머지는 용돈으로 써라.
- 가족들과 피자를 시켰는데 조금만 먹고 나머지는 냉장고에 넣어 두었다.

**담당**
[담당]

명 responsibility / 担当 / 负责

담당하다

- 우리 회사에서 내가 담당하고 있는 업무는 회사 홍보이다.
- 윤오 씨는 신입사원이지만 중요한 업무를 담당하게 되었다.

**반응**
[반응]

명 response / 反応 / 反应

반응하다

- 그 가수의 새로운 노래는 사람들에게 좋은 반응을 얻고 있다.
- 윤오 씨는 텔레비전을 볼 때 너무 집중을 해서 아무리 불러도 반응이 없다.

36

37

| 상상 [상상] | 명 imagination / 想像 / 想象 |
| | 상상하다 |
| | 관 상상력 |
| | • 나는 가끔 하늘을 나는 상상을 한다. |
| | • 10년 후 자신의 모습을 상상해서 글로 써 보십시오. |

| 소음 [소음] | 명 noise / 騷音 / 噪音 |
| | • 공사장에서 나는 소음이 너무 심해서 잠을 잘 수 없다. |
| | • 음악 소리도 너무 크면 소음이 될 수 있으니까 크게 틀지 마십시오. |

| 제외 [제외] | 명 exclusion / 除くこと, 除外 / 除了, 被挤 |
| | 제외하다 / 제외되다 |
| | • 윤오 씨는 월급에서 생활비를 제외한 나머지는 모두 저금한다고 한다. |
| | • 아버지는 이번 승진에서 제외되어서 아주 실망하셨다. |

| 가득하다 [가드카다] | 형 full (of) / 満ちる, みなぎる / 満 |
| | • 이 식당은 음식이 맛있어서 점심시간에는 손님들로 가득하다. |
| | • 윤오 씨는 청바지를 좋아해서 옷장이 청바지로 가득하다. |

| 차다 02 [분] | 형 cold / 冷たい / 凉 |
| | • 겨울에는 바람이 차고 추우니까 털모자를 쓰는 것이 좋다. |
| | • 더워서 찬 음식을 많이 먹었더니 배가 아프다. |

| 해롭다 [해롭따] | 형 harmful / 有害だ / 有害 |
| | 반 이롭다 |
| | • 술과 담배는 건강에 해로우니까 끊도록 하세요. |
| | • 너에게 해로운 일은 아닐 테니까 부모님 말씀대로 해. |

| 늦추다 [늗추다] | 동 postpone / 遅らせる, (時間を) 伸ばす / 推迟 |
| | • 갑자기 일이 생겨서 약속 시간을 1시에서 3시로 늦췄다. |
| | • 한국에서는 대학 입학시험을 보는 날에 직장인들의 출근 시간을 한 시간 늦춘다. |

| 빛나다 [빈나다] | 동 shine / 光る, 輝く / 闪耀 |
|---|---|
| | …이/가 빛나다 |
| | • 밤하늘에 빛나는 별을 보고 있으면 마음이 편안해진다. |
| | • 유리창을 깨끗하게 닦아서 반짝반짝 빛난다. |

| 챙기다 [챙기다] | 동 take / 取りまとめる, 取りそろえる / 准备 |
|---|---|
| | • 오후부터 비가 온다고 하니까 우산을 챙기는 게 좋겠어요. |
| | • 여행을 떠나기 전에 짐을 잘 챙겨야 한다. |

| 역시 [역씨] | 부 expectably / やはり / 还是, 果然 |
|---|---|
| | • 윤오 씨는 책을 많이 읽어서 그런지 역시 아는 것이 많네요. |
| | • 한국에 오기 전에 명동은 복잡하다고 들었는데 와 보니까 역시 그렇군요. |

| 일부러 [일부러] | 부 on purpose / わざわざ / 故意 |
|---|---|
| | • 미안해요. 일부러 발을 밟은 게 아니에요. |
| | • 친구를 만나기 위해 일부러 친구의 학교까지 찾아갔다. |

TOPIK 추천 어휘

| 승리 [승니] | 명 victory / 勝ち, 勝利 / 胜利 |
|---|---|
| | 승리하다 |
| | 관 이기다 |
| | • 한국 팀은 이번 축구 경기에서 1대 0으로 승리했다. |
| | • 우리 모두 승리를 위해 노력해야 할 때이다. |

| 연령 [열령] | 명 age / 年齢 / 年龄 |
|---|---|
| | 유 나이 |
| | • 박물관은 연령에 따라 입장료에 차이가 있다. |
| | • 나는 한국인의 연령별 취미 생활이라는 주제로 조사를 해서 발표했다. |

36

37

**지식**
[지식]

명 knowledge / 知識 / 知识

• 전공 수업을 열심히 들으면 전문 지식을 쌓을 수 있다.
• 지식을 쌓기 위해 여러 종류의 책을 읽는다.

**초반**
[초반]

명 early / 初期 / 初, 出头

관 중반, 후반

• 90년대 초반에는 짧은 치마가 유행했다.
• 미영 씨는 30대이지만 20대 초반처럼 보인다.

**후반**
[후반]

명 in the late, second half / 後半, 後期 / 后半

관 초반, 중반

• 한국에서는 보통 남자는 30대 초반에, 여자는 20대 후반에 결혼을 한다.
• 우리 팀은 이번 축구 경기에서 전반에 지고 있다가 후반에 2골을 넣어서 승리했다.

**공손하다**
[공손하다]

형 polite / 丁寧だ / 恭敬

• 웃어른께 인사를 드릴 때는 고개를 숙이고 공손하게 인사해야 한다.
• 부탁을 할 때는 공손한 태도로 해야 한다.

**다투다**
[다투다]

동 quarrel / 争う / 争吵

…와/과 다투다
관 싸우다

• 어렸을 때 동생과 자주 다퉈서 엄마한테 혼난 적이 많다.
• 우리는 작은 일로 다투고 일주일이 넘도록 화해하지 않았다.

**두드리다**
[두드리다]

동 knock, pat on / 叩く / 敲打

• 문을 두드리는 소리가 들려서 나가 보았더니 친구가 문 앞에 서 있었다.
• 시험에 떨어져 실망한 나를 보고 선생님께서는 어깨를 두드리면서 격려해 주셨다.

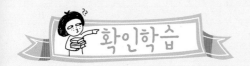

✻ 다음 빈칸에 공통으로 들어갈 단어를 〈보기〉에서 골라 '기본형'으로 쓰십시오.

> 보기
>
> 빠지다          늦추다          두드리다          취하다

**1**  윤오는 오늘도 수업에 (              ) 친구들과 어울려서 놀러 갔다.

  내 친구는 요즘 그 가수의 노래에 (              ) 매일 그 노래만 듣는다.

  요즘 머리가 자꾸 (              ) 고민이다.

  _____

✻ [2~3] 다음 밑줄 친 단어의 반대말을 쓰십시오.

**2**  건강에 <u>이로운</u> 음식을 먹는 것이 좋다.          (              )

**3**  대중교통 요금이 또 <u>인상</u>된다는 이야기를 듣고 사람들은 걱정하고 있다.

  (              )

✻ [4~5] 다음 밑줄 친 단어와 비슷한 단어를 쓰십시오.

**4**  오늘도 언니와 내가 <u>싸워서</u> 엄마한테 혼났다.          (              )

**5**  우리 삼촌은 운동을 열심히 해서 그런지 실제 <u>나이</u>보다 어려 보인다.  (              )

✻ [6~8] 다음 빈칸에 들어갈 단어를 〈보기〉에서 골라 알맞게 쓰십시오.

> 일부러          근무          가득하다          빛나다          꾸준히

**6**  나는 미영이와 싸운 후 화가 나서 미영이를 봐도 _____ 못 본 척했다.

**7**  오늘은 우리 언니 결혼식이라서 우리 집에는 손님들로 _____ -았/었다.

**8**  직장인들 15%는 _____ 시간에 일을 하지 않고 인터넷 쇼핑을 해 본 경험이 있다고 한다.

Day 37

✔ 36일 단어 체크

| 맡다 | ☐ | 꾸준히 | ☐ | 해롭다 | ☐ | 인상 | ☐ | 상상 | ☐ |
| 역시 | ☐ | 발견 | ☐ | 반응 | ☐ | 일부러 | ☐ | 챙기다 | ☐ |
| 제외 | ☐ | 차다 | ☐ | 공손하다 | ☐ | 가득하다 | ☐ | 빠지다 | ☐ |

TOPIK 필수 어휘

---

**실천**
[실천]

명 fulfillment / 実践 / 实践

실천하다

관 계획

• 계획을 세우는 것도 중요하지만 실천하는 것이 더 중요하다.
• 나는 운동을 하겠다는 결심을 실천하기 위해서 오늘 스포츠센터에 등록했다.

---

**전기**
[전기]

명 electricity / 電気 / 电

• 최근 전기를 절약할 수 있는 전자 제품이 많이 팔리고 있다.
• 전기 요금이 너무 많이 나와서 사용하지 않는 전자 제품의 전원을 꺼 두었다.

---

**전문가**
[전문가]

명 expert / 專門家 / 专家

• 오늘은 컴퓨터 전문가 김정수 님을 모시고 컴퓨터 바이러스에 대해 알아보겠습니다.
• 그 사람은 환경 문제에 대해서 10년 동안 연구한 전문가이다.

---

**피부**
[피부]

명 skin / 肌 / 皮肤

• 물을 자주 마시는 것이 피부에 좋다고 한다.
• 그 사람의 피부는 아이 피부처럼 부드럽다.

---

**높이다**
[노피다]

동 raise / 高める / 提高

반 낮추다

- 발표를 할 때 사진이나 동영상을 이용하면 듣는 사람의 흥미를 높일 수 있다.
- 좀 추운데 에어컨 온도를 좀 높여 주세요.

TOPIK 중요 어휘

**마찬가지**
[마찬가지]

명 the same / 同じ / 同样

- 이 일이 힘든 건 누구나 마찬가지이다.
- 올해도 작년과 마찬가지로 한강에서 걷기 대회를 합니다.

**번역**
[버녁]

명 translation / 翻訳 / 翻译

번역하다 / 번역되다

- 미영 씨는 중국어 책을 한국어로 번역하는 일을 하고 있다.
- 최근 한국의 작가가 쓴 소설이 세계 20여 개국에서 번역되어 사람들에게 인기를 얻고 있다.

**선착순**
[선착쑨]

명 first come, first served / 先着順, 着順 / 按序

- 선착순 100명을 대상으로 할인 행사를 실시할 예정입니다.
- 그 수업은 인기가 많아서 선착순 70명만 들을 수 있다.

**예술**
[예술]

명 art / 芸術 / 艺术

관 예술가

- 이 미술관에는 세계적으로 유명한 100여 개의 예술 작품이 전시되어 있다.
- 그림을 그리거나 악기를 연주하는 예술가들이 모여서 어려운 사람들을 돕는 행사를 실시했다.

**예의**
[예의, 예이]

명 manners / 礼儀 / 礼貌, 礼仪

- 친한 사이일수록 예의를 잘 지켜야 한다.
- 한국에서 주머니에 손을 넣고 어른에게 인사를 하는 것은 예의 없는 행동이다.

37
38

| 장래 | 명 future / 将来 / 将来 |
|------|------------------------|
| [장내] | • 제 장래 희망은 의사가 되는 것입니다. |
| | • 학생들이 졸업 후의 장래에 대해 걱정하고 있다. |

| 제안 | 명 suggestion / 提案, 持ち出すこと / 提案 |
|------|------------------------------------------|
| [제안] | 제안하다 |
| | • 윤오 씨는 다른 회사로부터 같이 일을 하자는 제안을 받았다. |
| . | • 사람들은 함께 여행을 가자는 미영 씨의 제안을 거절했다. |

| 제출 | 명 submission / 提出, 差し出すこと / 提交 |
|------|----------------------------------------|
| [제출] | 제출하다 |
| | 관 내다 |
| | • 이번 주 금요일까지 대학 입학 서류를 사무실에 제출하시기 바랍니다. |
| | • 입사 시험에 제출하신 서류는 돌려 드리지 않습니다. |

| 줄거리 | 명 summary / あらまし, 話の筋 / 情节 |
|--------|-----------------------------------|
| [줄거리] | • 영화의 자세한 내용은 모르지만 간단한 줄거리는 알고 있다. |
| | • 신문에 나온 그 책의 줄거리를 보고 관심이 생겨서 책을 사서 읽기 시작했다. |

| 진심 | 명 sincerity / 真心 / 真心 |
|------|---------------------------|
| [진심] | • 바쁘신데도 와 주신 여러분께 진심으로 감사드립니다. |
| | • 친구가 어제 갑자기 화를 내서 미안하다고 진심으로 사과했다. |

| 토론 | 명 discussion / 議論, 討論 / 讨论 |
|------|-------------------------------|
| [토론] | 토론하다 |
| | • 전기 요금 인상에 대해 찬성하는 사람과 반대하는 사람으로 나누어 토론을 실시했다. |
| | • 토론을 할 때는 상대방의 의견을 잘 듣는 것이 중요하다. |

| 피로 | 명 fatigue / 披露 / 疲劳 |
|------|-------------------------|
| [피로] | • 피로를 풀기 위해서는 적당한 휴식이 필요하다. |
| | • 요즘 계속 야근을 했더니 피로가 쌓여서 병이 났다. |

| 현금<br>[현금] | 명 cash / 現金 / 现金<br>• 커피를 사려고 했는데 현금이 없어서 카드로 계산했다.<br>• 가지고 있는 현금이 없어서 돈을 찾으러 은행에 갔다. |
|---|---|
| 신기하다<br>[신기하다] | 형 amazing / 不思議だ / 神奇<br>• 말하는 강아지 로봇 인형을 처음 봤을 때 믿을 수 없을 정도로 신기했다.<br>• 마술은 볼 때마다 신기하다. |
| 반하다<br>[반하다] | 동 fall in love (with) / (一目で) ほれる / 钟情, 爱上<br>…에/에게 반하다<br>• 공원에서 그 사람을 처음 본 순간 첫눈에 반했다.<br>• 마이클 씨는 한국 전통 문화에 반해서 한국에서 살기로 마음을 먹었다고 한다. |
| 찢어지다<br>[찌저지다] | 동 be torn / 裂ける, 破れる / 绽开, 裂开<br>…이/가 찢어지다<br>• 버스를 타려고 뛰다가 넘어져서 바지가 찢어졌다.<br>• 테이프를 사용해서 찢어진 책을 붙였다. |

## TOPIK 추천 어휘

| 소재<br>[소재] | 명 material / 素材 / 素材, 材料<br>• 요즘은 운동 경기를 소재로 한 영화가 인기를 끌고 있다.<br>• 여름에는 시원한 소재로 만든 옷이 많이 팔린다. |
|---|---|
| 문학<br>[문학] | 명 literature / 文学 / 文学<br>• 나는 시, 소설 등 문학 작품을 읽는 것을 좋아한다.<br>• 문학 작품을 영화나 드라마로 만드는 경우가 많다. |
| 일반적<br>[일반적] | 명 general / 一般的 / 一般<br>• 아이들은 일반적으로 단것을 좋아한다.<br>• 한국에서는 일반적으로 윗사람이 안쪽에 앉고 아랫사람이 문과 가까운 곳에 앉는다. |

37

38

| | |
|---|---|
| **가렵다**<br>[가렵따] | 형 **itchy** / かゆい / 痒<br>• 머리를 3일 동안 안 감았더니 머리가 가렵다.<br>• 나는 복숭아 알레르기가 있어서 복숭아를 먹으면 몸이 가렵다. |
| **충분하다**<br>[충분하다] | 형 **enough** / 十分だ / 足够, 充分<br>• 학교에서 시청까지 가는 데에 1시간이면 충분하다.<br>• 감기에 걸렸을 때는 충분한 휴식이 필요하다. |
| **나뉘다**<br>[나뉘다] | 동 **be divided** / 分けられる / 分成<br>…(으)로 나뉘다<br>• 한국어 중급은 3급과 4급으로 나뉜다.<br>• 우리 반은 두 팀으로 나뉘어 발표 준비를 했다. |
| **넘기다**<br>[넘기다 ] | 동 **pass** / 越す / 过 (期, 岁)<br>• 우리 회사는 원서 제출 시간을 넘기면 서류를 받지 않습니다.<br>• 70살을 넘긴 노인이 에베레스트 등산에 도전을 했다. |
| **들어주다**<br>[드러주다] | 동 **grant** / 聞き入れる / 答应<br>관 거절하다<br>• 친구의 부탁을 거절할 수 없어서 들어주었다.<br>• 윤오 씨는 내 대신 도서관에 책을 반납해 달라는 부탁을 들어주었다. |

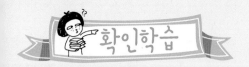

✳ [1~3] 다음 설명에 알맞은 단어를 〈보기〉에서 찾아 쓰십시오.

| 보기 | | | | |
|---|---|---|---|---|
| 선착순 | 마찬가지 | 줄거리 | 번역 | 소재 |

1 사물의 모양이나 일의 상황이 서로 같음.　　　　　　(　　　　　　)

2 한 나라의 언어로 된 글을 다른 나라의 언어로 바꾸는 것　(　　　　　　)

3 먼저 도착한 순서　　　　　　　　　　　　　　　　(　　　　　　)


✳ [4~7] 다음 빈칸에 들어갈 단어를 〈보기〉에서 골라 알맞게 쓰십시오.

| 반하다 | 충분하다 | 넘기다 | 실천하다 | 제안하다 | 찢어지다 |
|---|---|---|---|---|---|

4 담배를 끊겠다는 결심을 _____ -기가 쉽지 않다.

5 이 정도의 양이면 3명이 먹기에 _____.

6 리밍 씨가 서울에 사는 외국인들의 모임을 만들어 보자고 _____ -았/었다.

7 축구를 하다가 넘어져서 이마가 _____ -았/었다.


✳ [8~9] 다음 밑줄 친 단어의 반대말을 쓰십시오.

8 방 안이 너무 더워서 에어컨의 온도를 낮췄다.　　　(　　　　　　)

9 돈을 빌려 달라는 친구의 부탁을 거절했다.　　　　(　　　　　　)

✔ 37일 단어 체크

| | | | | |
|---|---|---|---|---|
| 실천 ☐ | 피로 ☐ | 제안 ☐ | 번역 ☐ | 충분하다 ☐ |
| 높이다 ☐ | 반하다 ☐ | 토론 ☐ | 예의 ☐ | 일반적 ☐ |
| 전문가 ☐ | 선착순 ☐ | 제출 ☐ | 신기하다 ☐ | 소재 ☐ |
| 마찬가지 ☐ | 장래 ☐ | 진심 ☐ | 찢어지다 ☐ | |

## TOPIK 빈출 어휘

**기부**
[기부]

몡 donation / 寄付 / 捐献

기부하다

• 가수 김조훈은 매년 가난한 학생들을 위해 돈을 기부하고 있다.
• 그는 불치병에 걸린 아이들의 치료를 위해 평생 번 돈을 병원에 기부했다.

**부정적**
[부정적]

몡 negative / 否定的 / 消极

반 긍정적

• 그 일로 크게 싸운 후 미영 씨는 윤오 씨의 말에 항상 부정적으로 대답한다.
• 텔레비전을 너무 많이 보는 것은 아이들에게 부정적인 영향을 줄 수도 있다.

**장애인**
[장애인]

몡 the disabled / 障害者 / 残疾人

• 장애인을 위해서 건물 바로 앞에 장애인 주차장을 만들었다.
• 미영 씨는 매주 장애인들의 외출을 돕는 자원 봉사 활동을 하고 있다.

**적극적**
[적꼭쩍]

몡 active / 積極的, 奮って / 积极

반 소극적

• 윤오 씨는 모든 일을 먼저 하겠다고 하는 적극적인 사람이다.
• 미영 씨가 자기의 의견을 다른 사람들에게 적극적으로 주장했다.

| | |
|---|---|
| **피해**<br>[피해] | 명 **damage** / 被害 / 被害, 损失<br>• 홍수로 인한 피해를 막기 위해서 나무를 심어야 한다.<br>• 공공장소에서는 다른 사람에게 피해를 주는 행동을 하면 안 된다. |
| **맡다**<sup>02</sup><br>[맏따] | 동 **take care of, keep** / 預かる / 代为保管, 占<br>• 화장실에 갔다 올 테니 제 가방 좀 맡아 주세요.<br>• 조금 늦게 갔는데 친구가 내 자리까지 맡아 놓았다. |
| **밝히다**<br>[발키다] | 동 **reveal, make something public** / 明かす, 明らかにする / 阐明, 查明<br>• 경찰은 이번 교통사고의 원인을 밝히기 위해 노력하고 있다.<br>• 정부는 내년에 대중교통 요금을 인상할 예정이라고 밝혔다. |
| **이어지다**<br>[이어지다] | 동 **be connected** / つづく / 连接<br>• 이 길은 서울로 가는 고속도로와 이어집니다.<br>• 다음에 이어질 가장 알맞은 문장을 고르십시오. |

## TOPIK 중요 어휘

| | |
|---|---|
| **고생**<br>[고생] | 명 **harship** / 苦労する, 苦しむ / 辛苦<br>고생하다<br>• 부모님께서는 우리 형제들을 잘 키우기 위해 고생을 많이 하셨다.<br>• 먼 곳까지 찾아오시느라고 고생하셨습니다. |
| **목숨**<br>[목쑴] | 명 **life** / 命 / 生命<br>…을 잃다 / 구하다<br>• 과거에 한국에서는 전쟁 때문에 많은 사람들이 목숨을 잃었다.<br>• 소방관이 물에 빠져서 죽을 뻔한 아이의 목숨을 구했다. |
| **설득**<br>[설뜩] | 명 **persuasion** / 説得 / 说服<br>설득하다 / 설득되다<br>• 결혼을 반대하시는 부모님을 설득하기가 쉽지 않다.<br>• 나는 싫다고 했지만 친구는 계속해서 파티에 같이 가자고 나를 설득했다. |

38
39

| 적성<br>[적썽] | 명 aptitude / 適性 / 适合与否 |
| | • 윤오 씨는 그 일이 적성에 맞지 않아서 그만두었다. |
| | • 자신의 적성에 따라서 직업을 선택해야 한다. |

| 책임<br>[채김] | 명 responsibility / 責任 / 责任 |
| | …을 지다 |
| | • 부모에게는 아이를 보호하고 교육을 시킬 책임이 있다. |
| | • 제가 모든 책임을 지고 이번 일을 해결하겠습니다. |

| 불쌍하다<br>[불쌍하다] | 형 pathetic / 可愛そうだ / 可怜 |
| | • 길을 잃어버린 강아지가 불쌍해서 집으로 데려왔다. |
| | • 미영 씨는 밥도 못 먹고 학교에도 못 가는 불쌍한 아이들을 돕기 위해 봉사 활동을 한다. |

| 사소하다<br>[사소하다] | 형 trivial / 些細だ / 琐碎的 |
| | • 그 두 사람은 사소한 일로 싸워서 헤어지고 말았다. |
| | • 그 일은 사소한 것처럼 보이지만 실제로는 중요한 일이다. |

| 정직하다<br>[정지카다] | 형 honest / 正直だ / 正直 |
| | • 어머니께서는 항상 나에게 정직하게 살아야 한다고 말씀하셨다. |
| | • 나는 정직하고 성실하게 살기 위해서 노력한다. |

| 꽂다<br>[꼳따] | 동 put in / 差し込む / 插, 戴 |
| | • 출퇴근 시간에 지하철에는 이어폰을 꽂고 음악을 듣는 사람들이 많다. |
| | • 휴대 전화를 충전하기 위해서 충전기를 콘센트에 꽂았다. |

| 당하다<br>[당하다] | 동 meet with something / される / 遇到, 遭到 |
| | • 왕 과장님이 퇴근길에 교통사고를 당해서 병원에 입원했다. |
| | • 미영 씨는 윤오 씨에게 고백했지만 거절을 당했다. |

| 묻히다<br>[무치다] | 동 stain, coat (something with) / まぶす / 沾 |
| | • 아이들은 음식을 먹을 때 입 주변에 묻히고 먹는다. |
| | • 야구 선수들은 공을 던질 때 공이 손에서 미끄러지지 않도록 손에 하얀 가루를 묻힌다. |

**쏟아지다**
[쏘다지다]

동 be spilled / こぼれる / 洒落

…이/가 쏟아지다

• 컵의 물이 쏟아져서 옆 사람의 옷이 다 젖었다.
• 커피가 쏟아지지 않게 조심해서 들고 가.

**치우다**
[치우다]

동 clean / 片付ける / 收拾, 搬

• 칼과 같은 위험한 물건은 아이들이 만질 수 없도록 잘 치워 두어야 한다.
• 시험을 보기 전에 사용하지 않는 의자와 책상을 다른 강의실로 치웠다.

**헤매다**
[헤매다]

동 wander / 迷う / 徘徊

• 소방관들이 산에서 길을 잃고 헤매고 있던 사람들을 구했다.
• 친구의 집을 찾지 못해서 길을 헤매고 있을 때 경찰이 도와주었다.

TOPIK  추천 어휘

**거부**
[거부]

명 refusal / 拒否, 拒むこと / 拒绝

거부하다 / 거부되다
유 거절 / 거절하다

• 직원들은 월급을 올려 달라고 하면서 일하기를 거부했다.
• 신분증 없이 19세 미만 관람 불가 영화를 보려고 하다가 입장을 거부당했다.

**검사**
[검사]

명 examination / 検査 / 检查

검사하다

• 눈이 좋지 않은 사람은 6개월마다 시력을 검사하는 것이 좋다.
• 공항에서는 가방 속에 위험한 물건이 있는지 없는지 검사한다.

**보도**
[보도]

명 report / 報道 / 报道

보도하다 / 보도되다

• 지금까지 보도에 아나운서 김수미였습니다.
• 기자가 뉴스에서 지난 축구 경기의 결과를 보도하고 있다.

38
39

**연속**
[연속]

명 continuation / 連続 / 连续
연속하다 / 연속되다

- 그 배우는 연기를 잘해서 3년 연속으로 상을 받았다.
- 우리 학교 축구 대표팀은 연속해서 4번이나 우승을 했다.

**이동**
[이동]

명 movement / 移動 / 移动
이동하다

- 차가 지나가야 하니까 잠시만 옆으로 이동해 주십시오.
- 모두 모였으면 이제 공항으로 이동합시다.

**장난**
[장난]

명 fun, joke / いたずら / 闹着玩, 调皮
장난하다

- 우리 아이는 장난이 심해서 다칠 때가 많다.
- 선생님께서는 수업 중에 옆 친구와 장난을 치지 말라고 했다.

**필수**
[필쑤]

명 necessariness / 必須, 必修 / 必需

- 컴퓨터 자격증을 따는 것은 취업을 하기 위한 필수 조건이다.
- 예전에는 결혼이 필수라고 생각했지만 요즘은 선택이라고 생각하는 사람들이 많다.

**올리다**02
[올리다]

동 raise / (値段を) 上げる / 涨价, 使提高
반 내리다

- 서울시는 다음 달부터 버스와 지하철 요금을 100원씩 올린다고 했다.
- 나는 회사에 월급을 올려 달라고 말했다.

**절대로**
[절때로]

부 never / 絶対に / 绝对
유 절대

- 가난하고 힘든 상황이라고 해도 절대로 나쁜 일을 하면 안 된다.
- 나는 거짓말을 잘하는 미영 씨를 절대로 믿을 수 없다.

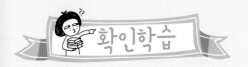

✻ [1–3] 다음 설명에 알맞은 단어를 〈보기〉에서 찾아 쓰십시오.

> 보기
>
> | 기부 | 피해 | 고생 | 거부 | 필수 |

1  꼭 있어야 하거나 꼭 해야 하는 것　　　　　　　　　　( 　　　　　 )
2  제안에 대해 싫다고 하는 것　　　　　　　　　　　　( 　　　　　 )
3  어려운 사람들을 돕기 위해 돈이나 물건을 내는 일　　( 　　　　　 )

✻ [4–6] 다음 빈칸에 들어갈 단어를 〈보기〉에서 골라 알맞게 쓰십시오.

| 보도 | 거부(하다) | 이동(하다) | 적성 | 책임 |

4  그 사람은 자신의 _____ 에 맞는 일을 찾아서 즐겁게 일하고 있다.
5  오늘 아침 뉴스에서는 폭우로 피해가 생긴 지역에 대해 _____을/를 했다.
6  회의가 끝난 후 회의에 참석한 사람들은 점심을 먹기 위해 식당으로 _____ 았/었다.

✻ 다음 빈칸에 공통으로 들어갈 단어를 〈보기〉에서 골라 '기본형'으로 쓰십시오.

> 보기
>
> | 올리다 | 헤매다 | 이어지다 | 맡다 |

7  공원에 핀 꽃이 너무 아름다워서 향기를 ( 　　　　　 ).
　　나는 화장실에 가는 미영 씨의 가방을 ( 　　　　　 ) 주었다.
　　선생님은 나에게 우리 반의 반장의 일을 ( 　　　　　 ) 하셨다.

✻ [8–10] 다음 밑줄 친 단어의 반대말을 쓰십시오.

8  우리 회사의 신제품은 포장에 필요한 돈을 줄여서 물건값을 내렸다.　( 　　　　　 )
9  미영 씨는 소극적인 성격이어서 학교에서 하는 일들에 참여하지 않는다. ( 　　　　　 )
10 항상 긍정적으로 생각하다 보면 앞으로 좋은 일이 생길 거예요.　( 　　　　　 )

✔ 38일 단어 체크

| | | | | |
|---|---|---|---|---|
| 맡다 ☐ | 이어지다 ☐ | 부정적 ☐ | 피해 ☐ | 적극적 ☐ |
| 거부 ☐ | 밝히다 ☐ | 쏟아지다 ☐ | 고생 ☐ | 치우다 ☐ |
| 목숨 ☐ | 적성 ☐ | 책임 ☐ | 묻히다 ☐ | 당하다 ☐ |
| 사소하다 ☐ | 헤매다 ☐ | 기부 ☐ | 보도 ☐ | 절대로 ☐ |

TOPIK 필수 어휘

## 가정
[가정]

명 home / 家庭 / 家庭

관 사회

- 가정 교육은 학교 교육 못지않게 중요하다.
- 윤오 씨는 빨리 결혼을 해서 가정을 이루고 싶어 한다.

## 기준
[기준]

명 criteria / 基準, 標準 / 基准

- 우리 학교는 학생들의 진급 여부를 출석률과 성적을 기준으로 결정합니다.
- 자신의 기준으로 다른 사람을 평가하면 안 된다.

## 신고
[신고]

명 notification / 申告, 届け出ること / 举报

신고하다

- 미영 씨는 경찰에 전화를 걸어서 누군가 자기의 차를 훔쳐갔다고 신고했다.
- 불이 났다는 신고를 받고 소방관이 윤오 씨의 집으로 갔다.

## 새롭다
[새롭따]

형 new / 新しい / 新, 新鮮

- 나는 지금까지 하지 않은 새로운 일에 도전하는 것을 즐긴다.
- 방의 분위기를 새롭게 바꾸기 위해서 가구를 옮겼다.

| 겨우<br>[겨우] | 閅 **barely** / やっと / 好不容易 |
|---|---|

- 늦을 뻔했는데 겨우 약속 시간 전에 도착했다.
- 오늘 아침까지 내야 하는 숙제를 밤을 새워서 겨우 다 했다.

| 간<br>[간] | 졥 **for (days)** / 間 / 间, 期间 |
|---|---|

- 며칠간 계속된 비로 곳곳에서 홍수가 났다.
- 7월 1일부터 7일까지 일주일간 이곳에서 국제회의가 진행될 예정입니다.

**TOPIK** 중요 어휘

| 겉<br>[걷] | 몡 **the surface** / 表 / 表面 |
|---|---|

반 속

- 윤오 씨는 겉으로는 괜찮은 척했지만 실제로는 화가 많이 났다.
- 겉만 보고는 그 사람의 실제 성격을 알 수 없다.

| 규모<br>[규모] | 몡 **scale** / 規模 / 规模 |
|---|---|

- 우리 회사는 규모는 작지만 세계 30여 개 국가에 제품을 수출하고 있다.
- 우리 대학교는 서울의 다른 학교와 비교하면 규모가 큰 편이다.

| 기본적<br>[기본적] | 몡 **basic** / 基本的 / 基本 |
|---|---|

- 해외여행을 가기 전에 그 나라의 기본적인 인사말을 알아 두는 것이 좋다.
- 경기를 시작하기 전에 기본적인 규칙부터 설명해 드리겠습니다.

| 기운<br>[기운] | 몡 **energy** / 元気 / 力气 |
|---|---|

…이 나다 / 생기다
…이 있다 / 없다

- 기운 내! 다음번에는 더 잘할 수 있을 거야!
- 며칠 동안 밤늦도록 일했더니 말할 기운도 없다.

| 성장<br>[성장] | 몡 **growth** / 成長 / 成长 |
|---|---|

성장하다

- 여러분들이 열심히 일해 준 덕분에 우리 회사는 올해 크게 성장하였습니다.
- 우리나라의 경제 성장 속도가 점점 빨라지고 있다.

39
40

**세계적**
[세계적, 세계적]

몡 international, global / 世界的 / 全球性
- '엑스포(EXPO)'는 세계적인 규모의 행사이다.
- 마이클 잭슨은 세계적으로 유명한 가수이다.

**용기**
[용기]

몡 courage / 勇気 / 勇气
···가 있다 / 없다
···를 내다
- 용기가 없어서 좋아하는 사람에게 고백하지 못했다.
- 항상 새로운 것에 도전하는 용기가 필요하다.

**은혜**
[은혜, 은헤]

몡 favor / 恩 / 恩惠
···를 갚다
- 내가 어려울 때마다 나를 도와준 선생님께 은혜를 꼭 갚고 싶다.
- 그동안 보살펴 주신 은혜에 감사드립니다.

**주위**
[주위]

몡 around (place) / 回り / 周围
관 주변
- 늦은 밤 혼자 집으로 가는데 주위에 아무도 없어서 무서웠다.
- 내 주위 사람들은 모두 나와 성격이 비슷하다.

**괴롭다**
[괴롭따]

혱 destressed / 苦しい, つらい / 难受
- 나는 요즘 여자 친구와 헤어지고 괴로워서 매일 술을 마신다.
- 부모님께 거짓말을 하고 나서 잠이 오지 않을 정도로 괴로웠다.

**부담스럽다**
[부담스럽따]

혱 uncomfortable / 負担だ / 负担
- 너무 비싼 선물을 받으면 부담스럽다.
- 부모님의 기대가 너무 커서 부담스럽다.

**놓치다**
[논치다]

동 miss / 逃す / 错过
- 지하철 막차를 놓쳐서 택시를 타고 집에 갔다.
- 이번 기회를 놓치면 후회하실 겁니다.

| 식히다 [시키다] | 동 make something cold / 冷ます / 使凉 |
|---|---|

• 뜨거운 커피를 식히기 위해서 얼음을 조금 넣었다.

• 국이 뜨거우니까 식혀서 아이에게 먹이세요.

| 따다 [따다] | 동 win (a medal), get (a license) / 取る / 获得 |
|---|---|

• 이번 경기에서 한국이 금메달을 땄다.

• 운전면허 시험에 합격해서 운전 면허증을 땄다.

| 굉장히 [굉장히, 꿩장히] | 부 extremely / 非常に / 非常 |
|---|---|

• 세 번 연속 장학금을 받았더니 부모님께서 굉장히 기뻐하셨다.

• 시험이 굉장히 어려워서 대부분의 학생들이 좋은 점수를 받지 못했다.

TOPIK 추천 어휘

| 과정 [과정] | 명 process / 過程 / 过程 |
|---|---|

• 일의 결과보다는 그 일을 하는 동안의 과정이 더 중요하다.

• 이 일을 하는 과정에서 여러 가지 문제가 있었지만 우리는 성공적으로 일을 마쳤다.

| 질서 [질써] | 명 (public) order / 秩序 / 秩序 |
|---|---|

…를 지키다

• 질서를 지켜서 한 사람씩 공연장에 입장해 주십시오.

• 계단을 내려오실 때는 다른 사람과 부딪히지 않도록 질서를 지켜 주시기 바랍니다.

| 어른스럽다 [어른스럽따] | 형 mature / 大人っぽい / 成熟 |
|---|---|

• 미영 씨는 나이에 비해서 어른스럽다.

• 윤오 씨는 나이는 어리지만 항상 어른스럽게 다른 사람들을 배려한다.

| 초조하다 [초조하다] | 형 nervous / いらだたしい / 焦急 |
|---|---|

• 딸이 밤늦도록 연락도 없이 들어오지 않아서 너무 초조해요.

• 학생들이 시험 결과를 초조하게 기다리고 있다.

39

40

| 알아보다<sup>02</sup><br>[아라보다] | 동 recognize / 見分ける / 认出 |
| --- | --- |

**알아보다<sup>02</sup>** [아라보다]

동 recognize / 見分ける / 认出
- 오랜만에 고등학교 동창을 만났는데 얼굴이 너무 변해서 못 알아볼 뻔했다.
- 바로 옆에 있는 사람이 누구인지 알아볼 수 없을 정도로 방이 어둡다.

**작성** [작썽]

명 writing, filling something in / 作成 / 填写

작성하다 / 작성되다
- 요즘 대학 입학에 필요한 서류를 작성하느라 바쁘다.
- 먼저 신청서를 작성하신 후에 사인을 해 주십시오.

**떠올리다** [떠올리다]

동 think, recall / 思い浮かべる / 想起
- 예전에 한국 사람들은 신혼여행 장소로 제주도를 제일 먼저 떠올렸다.
- 나는 내가 초등학생이었을 때를 떠올리면 행복해진다.

**빠뜨리다** [빠뜨리다]

동 forget, miss / 忘れる / 落下, 遗忘
- 서두르다가 중요한 서류를 집에 빠뜨리고 나왔다.
- 윤오 씨가 알려 주지 않았으면 휴대 전화를 빠뜨리고 그냥 갈 뻔했네요.

**설마** [설마]

부 by any chance / まさか / 怎么会, 总不会
- 4월인데 설마 눈이 올까요?
- 공연이 설마 벌써 끝난 거예요?

**저절로** [저절로]

부 by itself / ひとりでに / 自动, 自己
- 이 문은 자동문이어서 사람이 가까이 가면 저절로 열린다.
- 바람이 불어서 창문이 저절로 닫혔다.

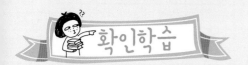

※ [1-3] 다음 설명에 알맞은 단어를 〈보기〉에서 찾아 쓰십시오.

보기

| 성장 | 질서 | 기준 | 용기 |
|---|---|---|---|

1 일의 혼란을 막는 순서나 차례 (                    )

2 일의 규모나 힘이 커짐. (                    )

3 어떤 일을 무서워하지 않는 마음 (                    )

※ [4-5] 다음 빈칸에 공통으로 들어갈 단어를 〈보기〉에서 골라 '기본형'으로 쓰십시오.

보기

| 작성하다 | 알아보다 | 빠뜨리다 | 놓치다 |
|---|---|---|---|

4 제가 인터넷에서 (                    ) 보니까 기차가 버스보다 더 빠르대요.
   살이 너무 많이 빠져서 너인지 못 (                    ).

   _____

5 버스를 타려고 뛰어갔는데 (                    ) 회사에 지각을 했다.
   계속 고민을 하다가 좋은 기회를 (                    ).
   손에 잡고 있던 공을 (                    ) 떨어뜨렸다.

   _____

※ [6-10] 다음 빈칸에 들어갈 단어를 〈보기〉에서 골라 알맞게 쓰십시오.

| 저절로 | 설마 | 초조하다 | 기본적 | 굉장히 | 부담스럽다 |
|---|---|---|---|---|---|

6 약을 먹지도 않았는데 감기가 _____ 나았다.

7 미영 씨는 머리가 _____ 좋은 것 같아. 한번 외운 단어는 절대로
   잊어버리지 않더라고.

8 _____ 지금 제가 거짓말을 하고 있다고 생각하는 건 아니죠?

9 그 옷은 학생인 나에게는 가격이 너무 _____.

10 동생이 수술을 받는 동안 수술실 밖에서 _____ -게 기다렸다.

39

40

239

종합문제 ❹

✳ [1~3] 다음 (          ) 안에 알맞은 것을 고르십시오.

01  내일은 중요한 시험이 있으니까 (          ) 빠지면 안 됩니다.
   ① 다행히          ② 절대로          ③ 단순히          ④ 저절로


02  할머니께서는 어려운 이웃들을 위해 사용해 달라면서 1억 원을 (          ).
   ① 훔치다          ② 살펴보다          ③ 챙기다          ④ 기부하다


03  우체국에서 일을 하기 위해서는 (          ) 운전면허증이 있어야 합니다.
   ① 세계적으로      ② 활동적으로      ③ 기본적으로      ④ 경제적으로


✳ [4~6] 다음 밑줄 친 부분과 의미가 비슷한 것을 고르십시오.

04  입사에 필요한 서류는 이번 달 말까지 반드시 내야 합니다.
   ① 신고해야        ② 제안해야        ③ 실천해야        ④ 제출해야


05  어젯밤 폭우로 인해서 오늘 행사는 내일로 연기할 거라고 한다.
   ① 참을            ② 미룰            ③ 앞둘            ④ 이동할


06  미영 씨와 윤오 씨는 작은 오해 때문에 헤어졌다고 한다.
   ① 사소한          ② 괴로운          ③ 상한            ④ 새로운

**※ [7-8] 다음 (            ) 안에 공통적으로 들어갈 동사를 고르십시오.**

**07**

- A회사는 다음 달부터 휴대 전화 기본 요금을 5% (            ) 예정이라고 밝혔다.
- 중국에서는 식사를 할 때 그릇 위에 젓가락을 (            ) 안 된다고 한다.
- 숙제를 책상 위에 (            ) 놓고 안 가지고 왔다.

① 오르다        ② 늘리다        ③ 올리다        ④ 높이다

**08**

- 나는 컴퓨터 게임에 (            ) 대학교 입학시험에 떨어졌다.
- 어젯밤 폭설로 자동차 바퀴가 눈 속에 (            ) 버스를 타고 출근했다.
- 오늘도 결석했으니까 내일은 수업에 절대로 (            ) 안 된다.

① 들어가다        ② 빠지다        ③ 나오다        ④ 집중하다

**※ [9~10] 다음 글을 읽고 알맞은 답을 고르십시오.**

　　최근 한 연구소에서는 서울 시내 고등학생 1천 명을 대상으로 휴대 전화 이용에 대해 조사를 실시하였다. 그 결과 휴대 전화 사용에 중독이 된 학생들이 전체 학생 중 65%에 가까운 것으로 나타났다. 응답자 10명 중 7명의 학생들이 휴대 전화가 없으면 불안을 느끼고 ( ㉠ )고 대답을 했다. 전문가들은 이러한 중독 증상을 치료하기 위해서는 부모가 자녀들에게 관심을 갖고 대화를 나누거나, 친구들과 ( ㉡ ) 야외 활동을 하는 것이 필요하다고 말했다.

**09** ㉠에 들어갈 말로 알맞은 것을 고르십시오.
① 자유롭다        ② 초조하다        ③ 솔직하다        ④ 친근하다

**10** ㉡에 들어갈 말로 알맞은 것을 고르십시오.
① 어울려서        ② 살펴봐서        ③ 책임져서        ④ 다정해서

40

## 문제 정답 찾기

### 1일 확인학습

1. 출퇴근　　2. 집안일　　3. 열쇠　　4. 남다　　5 쓰다
6. 가깝지만　　7. 넓어서　　8. 입학하자마자

### 2일 확인학습

1. ①　　2. ③　　3. ②　　4. 젊은　　5. 먹이고
6. 계산할 테니까　　7. 미끄러우니까　　8. 취소되어서/취소돼서　　9. 조용해서
10. 졸업했어요　　11. 후배

### 3일 확인학습

1. 공공장소에서는　　2. 습관이　　3. 늦잠을　　4. ③　　5. ①
6. ②　　7. 어두우니까　　8. 성공　　9. 짜서

### 4일 확인학습

1. 걸다　　2. 남다　　3. 깨끗이　　4. 안내문을　　5. 짐이
6. 특징이다　　7. 닮았다　　8. 사용해도　　9. 전혀

### 5일 확인학습

1. 결석　　2. 오해　　3. 지각　　4. 노력해서　　5. 표현해
6. 다양한　　7. 다니고　　8. 졌어요　　9. 헤어져서

### 6일 확인학습

1. ③　　2. ②　　3. ①　　4. 불편하다　　5. 이후
6. 서로　　7. 식기　　8. 잘못　　9. 놀랐다

### 7일 확인학습

1. 돌보느라고　　2. 고민하고　　3. 남기는　　4. 움직이지　　5. 찍다
6. 넣다　　7. 늘　　8. 금방　　9. 신제품

### 8일 확인학습

1. 들다　　2. 깎다　　3. 닫혔다　　4. 올라갈　　5. 태워
6. 게으른　　7. 추천해　　8. 한가하니까　　9. 입히고

### 9일 확인학습

1. 그만두고　　2. 나았다　　3. 얻었다　　4. 떠들어서　　5. 고객이
6. 평소에　　7. 문병을　　8. 줄어서　　9. 내려가서

### 10일 종합문제 ❶

| | | | | | |
|---|---|---|---|---|---|
| 1. ③ | 2. ② | 3. ① | 4. ② | 5. ④ | |
| 6. ② | 7. ③ | 8. ② | 9. ③ | 10. ④ | 11. ② |

### 11일 확인학습

1. 달리다　　2. 공사　　3. 시키다　　4. 나다　　5. 담그다
6. 끓으면　　7. ○　　8. 어색해서

### 12일 확인학습

1. 왕복　　2. 차이　　3. 웃어른　　4. 낫다　　5. 일정에
6. 규칙적으로　　7. 따로　　8. 실망했다　　9. 대답　　10. 수출

### 13일 확인학습

1. 글쓴이　　2. 연말　　3. 신입　　4. 주제　　5. 대표하는
6. 유창하게　　7. 거절해서　　8. 따라가고　　9. 촬영했다　　10. 우선

### 14일 확인학습

1. ③　　2. ①　　3. ②　　4. 목표는　　5. 끊으니까
6. 누구나　　7. 이용하고　　8. 국내　　9. 약간

### 15일 확인학습

1. 냄새가　　2. 화해를　　3. 감동을　　4. 의미를　　5. 신입생에게
6. 나다　　7. 반드시　　8. 가격　　9. 각자　　10. 구입하는

### 16일 확인학습

1. 영수증　　2. 봉투　　3. 들러서　　4. 끊었다　　5. 해결하지
6. 세어　　7. 반대한다　　8. 퇴원했다　　9. 무관심

### 17일 확인학습

1. ①　　2. ③　　3. ②　　4. 팔린다　　5. 들리는
6. 평균　　7. 내야　　8. 멀리　　9. 바깥

### 18일 확인학습

1. 동료　　2. 전원　　3. 두통　　4. 집들이　　5. 지키다
6. 번　　7. 마중을　　8. 나누어서　　9. 강해서, 튼튼해서　　10. 닫히자마자
11. 더

### 19일 확인학습

1. 불평하다　　2. 유지하다　　3. 사과하다　　4. 비다　　5. 짓다
6. 대단하다고　　7. 서둘러야　　8. 정리하는　　9. 연결하는　　10. 실력이

### 20일 종합문제 ❷

1. ①　　2. ④　　3. ②　　4. ④　　5. ②
6. ③　　7. ①　　8. ④　　9. ②　　10. ④

문제 정답 찾기

### 21일 확인학습

1. 남녀노소    2. 의견    3. 취업    4. 오르다    5. 당첨되면
6. 자신감이    7. 고민하고    8. 한참    9. 기능이

### 22일 확인학습

1. 단점    2. 휴대    3. 출입    4. 지키다    5. 보다
6. 변명하지    7. 지나도록    8. 구하고    9. 끊어진

### 23일 확인학습

1. 치료    2. 재산    3. 게시판    4. 일어나다    5. 뽑다
6. 풀다    7. 새워서    8. 창피해요    9. 섭섭했다    10. 힘내라고

### 24일 확인학습

1. 일회용품    2. 서투르다    3. 회식    4. 작가    5. 의논했다
6. 기대가    7. 물가가    8. 확실하게    9. 구하다

### 25일 확인학습

1. 참석    2. 지루하다    3. 애완동물    4. 떨어지다    5. 공통점이
6. 신청하려고    7. 풀린다    8. 초보    9. 증가하고    10. 선택해서

### 26일 확인학습

1. 짓다    2. 기회가    3. 모아서    4. 제자리에    5. 낮춰
6. 줄었다    7. 최고    8. 외향적    9. 주관적

### 27일 확인학습

1. 동창    2. 소식    3. 분위기    4. 꾸었다/꿨다    5. 절약해서
6. 달리    7. 거의    8. 결국    9. 얌전하지만    10. 적당한
11. 갖추기

### 28일 확인학습

1. 얇으니까    2. 막차    3. 여성    4. 걸리다    5. 내다
6. 잊으면    7. 입맛에    8. 결정되면    9. 상관없다    10. 아마

### 29일 확인학습

1. 굳이    2. 최신    3. 마무리하세요    4. 깊다    5. 깨지다
6. 양보한다    7. 보살펴야    8. 예방하기    9. 앞장서서    10. 곤란했다

### 30일 종합문제 ❸

1. ①    2. ③    3. ②    4. ④    5. ②
6. ④    7. ④    8. ①    9. ②    10. ②    11. ④

## 31일 확인학습

1. 잡다   2. 막다   3. 익었다   4. 나타났다   5. 만지면
6. 알맞은   7. 감소   8. 저렴해서, 싸서

## 32일 확인학습

1. 감다   2. 어울리다   3. 각각   4. 기르는   5. 조그만
6. 흐르는   7. 꺼내서   8. 밀린   9. 발전을   10. 줄어들고

## 33일 확인학습

1. 단순하다   2. 인정   3. 눈치   4. 타다   5. 상하다
6. 여유가   7. 설렌다   8. 부딪혀서   9. 위로했다   10. 일단

## 34일 확인학습

1. ②   2. ①   3. ③   4. 싸다   5. 편찮으셔서
6. 보고하라고   7. 지저분해서   8. 최대

## 35일 확인학습

1. 내내   2. 선호   3. 연기   4. 뵙고   5. 흘렸으니까
6. 잠겨   7. 배려해서   8. 가늘어서   9. 늘리고   10. 바로
11. 결국

## 36일 확인학습

1. 빠지다   2. 해로운   3. 인하   4. 다퉈서   5. 연령
6. 일부러   7. 가득했다   8. 근무

## 37일 확인학습

1. 마찬가지   2. 번역   3. 선착순   4. 실천하기   5. 충분하다
6. 제안했다   7. 찢어졌다   8. 높였다   9. 들어줬다

## 38일 확인학습

1. 필수   2. 거부   3. 기부   4. 적성에   5. 보도를
6. 이동했다   7. 맡다   8. 올렸다   9. 적극적인   10. 부정적

## 39일 확인학습

1. 질서   2. 성장   3. 용기   4. 알아보다   5. 놓치다
6. 저절로   7. 굉장히   8. 설마   9. 부담스럽다   10. 초조하게

## 40일 종합문제 ❹

1. ②   2. ④   3. ③   4. ④   5. ②
6. ①   7. ③   8. ②   9. ②   10. ①

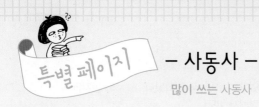
| 감다 | 감기다 | 엄마는 아기의 머리를 감겼다. |
|---|---|---|
| 깨다 | 깨우다 | 나는 자고 있는 동생을 깨웠다. |
| 끓다 | 끓이다 | 라면을 먹으려고 물을 끓였다. |
| 날다 | 날리다 | 아이들은 종이로 만든 비행기를 하늘로 날렸다. |
| 남다 | 남기다 | 음식을 남기지 말고 다 드세요. |
| 눕다 | 눕히다 | 엄마는 아기를 침대에 눕혔다. |
| 돌다 | 돌리다 | 빨래를 하기 위해 세탁기를 돌렸다. |
| 맞다 | 맞히다 | 아기에게 주사를 맞히기 위해 병원에 갔다. |
| 맡다 | 맡기다 | 언니는 나에게 조카를 맡기고 출근했다. |
| 먹다 | 먹이다 | 할머니는 아기에게 밥을 먹였다. |
| 벗다 | 벗기다 | 아기를 씻기기 위해 옷을 벗겼다. |
| 보다 | 보이다 | 신분증 좀 보여 주십시오. |
| 붙다 | 붙이다 | 벽에 내가 좋아하는 가수의 사진을 붙였다. |
| 살다 | 살리다 | 의사는 환자를 살리기 위해 최선을 다했다. |
| 서다 | 세우다 | 윤오 씨는 집 앞에 차를 세웠다. |
| 숨다 | 숨기다 | 엄마는 아이가 사탕을 많이 먹을까 봐 사탕을 서랍에 숨겼다. |
| 신다 | 신기다 | 엄마는 아기에게 양말을 신겼다. |
| 씻다 | 씻기다 | 미영 씨는 강아지와 외출을 한 후에 강아지의 발을 씻겼다. |
| 쓰다 | 씌우다 | 아기의 얼굴이 탈까 봐 모자를 씌운 후에 나갔다. |
| 앉다 | 앉히다 | 아기를 의자에 앉히세요. |
| 알다 | 알리다 | 윤오 씨는 합격 소식을 가족들에게 알렸다. |
| 울다 | 울리다 | 형이 동생을 때려서 울렸다. |
| 웃다 | 웃기다 | 윤오 씨는 농담을 잘 해서 다른 사람을 웃긴다. |
| 자다 | 재우다 | 아기를 재우는 일은 어렵다. |
| 줄다 | 줄이다 | 바지가 커서 줄여서 입었다. |
| 차다 | 채우다 | 이 방 안을 가득 채우고 있는 것은 무엇입니까? |
| 타다 | 태우다 | 아이를 차에 태우고 놀이 공원에 갔다. |

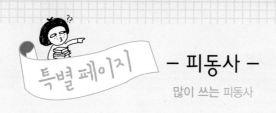

# – 피동사 –

많이 쓰는 피동사

| 걸다 | 걸리다 | 옷걸이에 옷이 걸려 있다. |
|---|---|---|
| 끊다 | 끊기다 | 고등학교를 졸업한 후에 친구와 연락이 끊겼다. |
| 닫다 | 닫히다 | 은행에 도착했을 때 은행 문이 이미 닫혀 있었다. |
| 듣다 | 들리다 | 밖이 시끄러워서 전화 내용이 들리지 않았다. |
| 막다 | 막히다 | 퇴근 시간이라서 길이 많이 막힌다. |
| 모으다 | 모이다 | 그 가수의 공연을 보기 위해서 많은 사람들이 모였다. |
| 물다 | 물리다 | 모기에 물려서 가려워요. |
| 바꾸다 | 바뀌다 | 공항에서 다른 사람의 가방과 제 가방이 바뀌었어요. |
| 밟다 | 밟히다 | 지하철에서 앞 사람의 구두에 발이 밟혔다. |
| 보다 | 보이다 | 우리 학교에서 남산이 보인다. |
| 쌓다 | 쌓이다 | 오랫동안 청소를 안 해서 책장에 먼지가 쌓였다. |
| 쓰다 | 쓰이다 | 칠판에 쓰여 있는 글씨가 잘 안 보여요. |
| 안다 | 안기다 | 아이가 할머니에게 안겨서 잠을 자고 있다. |
| 열다 | 열리다 | 사무실 문이 열려 있으니까 안에 들어가서 기다리세요. |
| 읽다 | 읽히다 | 그 소설은 전 세계 사람들에게 읽히고 있다. |
| 잠그다 | 잠기다 | 교실 문이 잠겨 있어서 들어갈 수 없다. |
| 잡다 | 잡히다 | 도둑이 경찰에게 잡혔다. |
| 쫓다 | 쫓기다 | 쥐가 고양이에게 쫓기고 있다. |
| 팔다 | 팔리다 | 여름철이라서 수박이 많이 팔린다. |

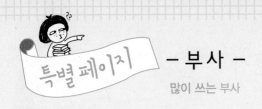

# - 부사 -

많이 쓰는 부사

| 부사 | 예문 |
|---|---|
| 도저히 | 그 음식은 상해서 도저히 먹을 수 없다. |
| 좀처럼 | 그는 성격이 좋아서 좀처럼 화를 내는 일이 없다. |
| 과연 | 내 성적으로 과연 대학에 합격할 수 있을까? |
| 당분간 | 개인 사정으로 당분간 가게의 문을 닫습니다. |
| 마치 | 친구를 오랜만에 만나서 그런지 마치 처음 만난 사람처럼 어색하게 느껴졌다. |
| 어차피 | 지금 가도 어차피 늦었으니까 천천히 갑시다. |
| 여전히 | 3월인데도 여전히 겨울처럼 춥다. |
| 차라리 | 그 사람과 일을 하느니 차라리 혼자 하겠다. |
| 도대체 | 나는 지하철에서 큰 소리로 떠드는 사람을 도대체 이해할 수가 없다. |
| 모처럼 | 모처럼 밖에 나오니까 기분이 좋네요. |
| 아무래도 | 아무래도 미영 씨가 나를 좋아하는 것 같아. |
| 비록 | 우리는 비록 경기에서 졌지만 최선을 다했기 때문에 후회는 없다. |

INDEX